케이엠 시인선 010

나무 앞에서의 기도

이승하

나무 앞에서의 기도

자서自序

살아 있는 것들은 다 애처롭다

살아 있는 것들은 다 애처롭다.
목숨을 부지하는 것이 쉽지 않기에.
하지만 인간의 무한한 욕망은
다른 종의 멸종을 초래하고 있다.
이 지구상에서 함께 살아가는
뭇 생명체들을 생각하면서
인류의 생존을 생각하면서
15년 동안 쓴 시를 모은다.

2018년 6월
이승하

차례

제1부 나무, 생명

제2부 문명, 죽음

제3부 인간, 아픔

제1부 나무, 생명

벌목

나무들을 마구 베어낸 숲
숲이 벌거숭이가 된다
밑둥치만 남은 나무들이
서른 살 넘은 자신의 나이를 말해준다

시민을 위한 공원이 만들어진다
방방곡곡 깨끗한 자전거도로
자전거 타는 사람은 보이지 않는다

고사목을 위하여

한 자리에서 평생을 사는 나무
나무의 집은 나무
벌레들이 집을 지어 같이 살고
새들도 둥지 틀고 함께 산다
매미들의 쉼터 딱따구리들의 놀이터

폭풍 몰아치는 밤에는 나무도 몸을 떨고
폭설 퍼붓는 밤에는 가지도 뚜두두둑 부러진다
자신을 지키기가 정말 어려운데
나무야 너는
네 몸 네 마음 지키며 살아왔구나

바람 부는 대로 휘어져도 꺾이지 않고
잎 피우는 일이며 잎 떨어뜨리는 일이며
그것이 제 일인 양 때가 되면 하고
하지 말아야 할 일은 하지 않는 나무
생명체는 한 번 죽기 전 한 생을 살 뿐

그 마음으로 살다 그 자리에서 죽어
스스로 마련한 무덤

고사목이 나를 내려다보며 말한다
네 자리를 지키라고
그 일이 아주 어려울 거라고

팥나무 앞에서의 목례

가을 깊은 날 홀로
인적 드문 매봉산 숲길을 걷다 보았다
고사목이 드문드문
잎 푸른 사철나무 사이에 서 있음을

나이테 더 두를 일 없는 나무들
조용히 끌어안은 죽음
전 생애가 저렇게 멈추어 있다
시커먼 망각의 시간

시신 수습해주는 이 없어서
그 자리에서 육탈하는 나무
세상의 모든 나무들은
저렇게 꿋꿋한 자세로 풍장하는가

자연의 일부로 살다 서서히
자연으로 스며드는 저 나무들이
나보다 너그럽다는 생각
인적 드문 숲길을 걷다 해보았다

새가 울고 벌레가 울고
아침 햇살이 숲을 어루만지는데
발걸음 멈추고 서서
나무에게 목례한다

가로수와 노인

걷다 지친 탁발승 멈추어 선 그 자세로
가로수들 묵묵히 고개 숙이고 있다
가지치기로 봄단장 마쳐 머리가 파르라니
좀 춥겠다

연초록 잎사귀마다 황사먼지 쌓여
황엽이 된다
버스정류장 옆 가로수 붙들고서
노인 한 분 기침이 심하다

차량들 뿡뿡 내뿜는 배기가스쯤이야
익숙해져 냄새도 나지 않는다
해를 끌어내리는 빌딩들
가로수 목을 죄는 플래카드의 끈들

뿌리는 발 뻗지 못하고
가지는 기지개 켤 수 없다
하늘이 노랗다 눈앞이 가물가물한지
가로수 옆에 저 노인 털썩 주저앉는다

포도주 예찬

자신을 태워 빛과 열을 내는 태양
호응하는 참한 생명체들의 대지
송이송이 여물고 알알이 빛깔 짙어져
그대 입술처럼 깊어가는 단맛

익는 것보다 무르익는 것이 좋고
말짱한 것보다 약간 미치는 것이 좋다
꿈꾸는 포도만이 술이 될 수 있으리니
오늘은 신이 되자 신바람 나게

잔을 채워다오 노을보다 짙은 선홍빛
도도한 취기의 시간이 오면
나는 저 원색의 들판과 한 몸이 된다
노래하는 새들이여 짝짓기하는 짐승들이여

살아 있으니 이렇게 춤도 출 수 있는 거다
차가운 액체가 순식간에 심장 뜨겁게 한다
나는 이제 이전의 내가 아니다
춤추는 하늘, 노래하는 대지다

할머니의 청국장

할머니가 메주를 뜨는 날은
온 동네 개들이 다 짖어댄다

청국장 보글보글 끓이는 날은
동네에 냄새 공장이 들어온 것 같다
창문 다 열고 선풍기까지 출동해도
옷에도 몸에도 가방에도 냄새가 줄줄
학교에 가면 얼레리 꼴레리
바지에 똥 싼 아이 취급

생긴 건 꼭 물똥 같지만
죽여주는 청국장 맛
이맛살 찌푸리며 큼큼
딱 한 숟갈만 뜨면
미소가 좌악 번지면서 바빠지는 숟갈질
하얀 쌀밥에 비비면 둘이 먹다 한 사람 죽어도

메주콩을 더운 물에 불렸다가 물을 붓고 푹 끓여
말씬하게 익힌 다음
아랫목을 청국장에게 내주는 할머니

콩 사이사이를 볏짚으로 벌려놓고 모셔두면
이런 고약한! 똥 색깔 똥 냄새
할머니처럼 퀴퀴한 청국장

할머니 돌아가시자
이 세상에서 제일 맛있는 것이 사라졌다

나무 앞에서의 기도

단 한 마디 아내가 남긴 말
화장해 나무 밑에다 묻어주세요
죽음을 눈앞에 두고
세상의 거름 될 생각을 했다

나무의 허락을 받지 않고
나무에게 용서를 구하지 않고
나무를 베어 별장을 지었지 그대와 나
나무를 베어내 책을 쓰고, 이사할 때 책부터 버렸지
나무가 사라지니 둥지도 사라지고

뼛가루 땅에다 묻고
두 아이 손을 잡고 나무 앞에 둘러서서
고개 숙이고 기도했다
내 아내 잘 부탁한다
더 푸른 녹음과 더 아름다운 단풍으로
다시 살아갈 수 있게 해주길

아내처럼 키만 큰 나무
세 사람 내려다보며

지나가는 바람을 온몸으로 털어낸다
이 겨울, 바람의 길을 안다는 듯
모든 생명의 길을 안다는 듯

방화

화면 가득 그것들은 활활 타오르고 있다
아무 죄 없는 번제물처럼
저 숲의 풀이 타고 나무가 타고…… 연기
하늘 끝 간 데까지 치솟는다 치솟아
하늘을 지우고 눅눅한 땅 다 태워 바스러뜨린다

텔레비전 뉴스 시간에 그것들은
껑충껑충 높이뛰기하고 있다
굴뚝이 된 숲을 넘으려고
컥컥 연기를 뱉어내며 울부짖으며
캥거루 배 시커멓게 타고 코알라 코 빨갛게 익고
자연의 심장부 훨훨 타올라
지구의 여백을 까맣게 색칠한다

심지를 돋우는 오스트레일리아
아름드리나무들 몽땅 타
대륙의 밤이 눈부시게 밝다
인간이 사는 저 도시를 향해
살아 있는 것들을 태우며 지금
달려가고 있다 와락 덮치고 있다

재미로 한 방화
홧김에 지른 불
자연이 제 몸에 지른 불도 있다

산불

저 시뻘건 불의 홍수를 보라
환란이나 재앙 같은 말로는 설명되지 않는
40일 동안의 홍수에 버금가는
신의 엄벌 또는 자연의 자해
인간의 마을로 달려들고 있다

천년 동안의 휴화산이 어느 아침에
쿨럭쿨럭 기침하듯이 연기를 내뿜다 폭발
용암 철철 피 흘리듯 흘러내리고 불은
하늘 끝 간 데까지 치솟는다
천지를 분간할 수 없다

인간방화인지 자연발생인지
알 수 없다 누가 불을 지르는가
태초도 알 수 없고 종말도 알 수 없다
순식간에 사라지는 하늘, 사라지는 숲
자연의 분서갱유, 나무와 책이 모조리 불태워진다

그 험한 인간의 역사가 지워지고
지독한 이 세상의 만물이 사라진다

불사신이 장복했던 불로초
이번 산불에 다 타버렸다 마지막 종자까지도
불쌍한 신이시여! 어찌 이런 불상사가!

지구의 여백을 시뻘겋게 채색하는 바람의 힘
이 산불을 어떻게 끌 것인가
살아 있는 것들을 죄다 죽이며
좀비 되어 달려가고 있다
인간들 만취하여 택시를 부르는 대도시로

물의 반란

물을 돌보지 않았다 내가 눈 오줌을
도시의 지하로 황급히 몰고 가는 물의 힘을 대수롭지 않게 여겼다
물을 경멸했다 비 오면 공치는 날
맹물을 마시면서 늘 원했던 것은
음료수 혹은 커피, 아니면 술

바다가 또 화를 내고 있다
적도에서 힘을 키워 육지를 강타할 생각
방파제를 넘어, 둑을 무너뜨리며, 도시를 물바다로 바꾸며
저 넓은 들판의 끝에 수평선을 들여놓고
물,
물세례를 수많은 사람에게 줄 생각만 할 뿐

물의 습격을 막아주었던 것은 나무
벌목…… 아름드리나무를 베어낸 것은
방화…… 울창한 숲을 태워버린 것은
언제나 인간이었다

투우장의 소처럼 물은
나무로 버티는 건물을, 나무로 만든 가구를

지금 들이받고 있다
우지직, 벽 후려갈기고
꽈당, 기둥 강타한다

방주는 완성되지 않았는데
이 여름에 비는 어찌 이렇게 쏟아지는지
남극과 북극에 갇혀 있던 물방울들까지 가세해
바다는 이제 물이 올랐구나
무서운 속도로 나를 향해 달려오는 쓰나미
지구를 평정할 기세로 이제 막

툰드라의 아침

태양이 부들부들 떨다 가는 곳이 있다
지구의 북쪽 저 끄트머리
북극곰도 순록도 하얀 입김 내뿜으며
온몸 푸르르 떠는 엄동설한嚴冬雪寒

해빙기의 아침이 눈을 빛내며 온다
비가 오는 날이면 동물들 깨어나
드넓은 땅에 돋아난 이끼류와 양치류를 먹고
식물들은 더 깊게 뿌리를 내린다

빽빽하게 자라나는 벼과科의 잔디들
절벽 가 바위에서는 바닷말과 해면종이 자라고
자갈 위에서도 로제트 식물이 자란다
해면잔디와 지의류地衣類 히스가 땅 색깔을 바꾼다

산 것들을 살아 있게 하는 자연
여기서는 모든 것이 스스로 그러하였다
눈앞에 아무것도 보이지 않게 하는 겨울 눈보라도
살아 있는 것들의 목숨을 빼앗지는 않았다

아니! 도둑갈매기와 흰올빼미가
산지사방에 피를 흩뿌리기도 한다
레밍을 잡아먹으며 살아가는 늑대와 여우
태어나면 죽는 것들이 있어 유지되는 먹이사슬

사람들아 여기를 동토凍土라 말하지 말기를
바람도 쉬어가는 날이 있단다
하늘 높은 줄 아는 가문비나무와 젓나무들
기지개 한껏 켜며 툰드라의 아침을 맞이하고 있다

바다직박구리는 지금 어디를 날고 있을까

도대체 며칠째 내리는 비인가
멸종하는 생의 종種이 늘고 있다지만 너희들은 지금
살아서 이 장대비를 어디서 피하고 있는지…… 지겹다
이 장맛비를 보며 오늘도 나는 저작詛嚼한다
조류독감이 돌아도 죽지 않은 닭의 다리를 날개를

이 세상에 무너지지 않는 것은 없는가 범람하는 강
시가지가 또 하나 물에 잠기고 드넓은 저 들판
수확기의 과수들, 비닐하우스들, 밭뙈기들
흙탕물에 둥둥 떠내려가는 수천 마리의 닭과 오리
가금家禽이 몽땅 가출해버리면 집의 금고는 텅텅 비겠지

계절이 바뀔 때면 겨울을 나러
흑산도에서 대만으로 이동하는 바다직박구리들아*
너희들이 쉴 곳은 이 반도의 남쪽에 없다
물이 가다 멈추면 물고기가 불고기 되는데
가둔 물마저도 시멘트와 아스팔트가 다 발라버렸다

하늘이 아닌 하늘은 아직도 천둥을 치고
땅이 아닌 땅은 온통 물의 절벽 물의 철벽

숲이 아닌 숲에서 독감을 앓고 있는
우기의 바다직박구리들아 꽥꽥 울기라도 하렴
올리브 잎사귀를 물고 올 필요는 없다

비가 억수로 쏟아지면 졸졸 흐르던 시냇물도
우당탕탕 계곡물처럼 흐르는데
녹조인가 적조인가 이게 강인가 뻘밭인가
인간세상 뭐가 어떻게 돌아가든지 간에 바다직박구리
이 빗속에 힘차게 대만까지 날아가고 있다

* 철새연구센터에서는 바다직박구리에 고유번호를 기록한 연구용 가락지를 발목에 부착해 흑산도에서 날려 보냈다. 이후 33일 만에 흑산도에서 1,100km 떨어진 대만에서 바다직박구리가 발견되었다(〈경향신문〉, 2014. 10. 30).

돌탑 앞에서

또 한 장의 부고를 받는다
살아남은 이들의 비원悲願이 모여
여기 이렇게 탑이 되었다

누가 쌓기 시작했는지
언제 끝날지 알 수 없다
야산 하나에 돌 돌 돌이 몇 수십 만 개인지

오랜 시간이 탑이 되었다
바다 밑이 육지가 되고
숲이 사막이 되는 시간

휴화산처럼 억눌렸던 자연의 분노가
큰 바위를 조각냈을까
부글부글 끓던 욕망을 재여

하루를 살아 하루를 죽이는 나는
오늘도 뒷산을 오르면서
탑 위에 돌 하나 올려놓는다

야 이 무심한 돌덩어리야
비바람 불고 눈보라 치는 날 너는
더 단단한 생명이 되는구나

여자의 젖가슴에 대한 생각

팽팽한 가슴 혹은 풍만한 가슴
도도한 가슴 혹은 얌전한 가슴
크지만 축 처진 가슴도 있다

만원 전철에서 몸을 못 가눠
웬 아낙의 가슴을 건드렸다
미안한 마음에 심장이 쿵쿵
얼굴은 화끈화끈

잠시 깜짝 놀라는 얼굴
아낙은 말이 없었다
홍시보다도 훨씬 물컹하였다
내 어린 날 할머니의 젖가슴 같은

아이를 몇 낳아본 여인이라 생각했다
몇 정거장 지나
아낙은 아무 일도 없었다는 듯
먼저 내렸다 아무 표정 없이

가슴 만지며 잠들었을 어린 생명

저 가슴에 젖줄 댄 그리움 아직 있을까
부드럽고 따뜻한 아낙의 젖가슴

봄날 풍경

만삭의 여인이 들어선다
지하철 안이 보름밤처럼 환해진다

산달이 가까운 듯
나이가 몇일까 꽤 들어 보이는데
마침 한 칸 비어 있는
경로석에 가 앉는다
(임산부석이 생기기 전이었다)

옆 칸으로 통하는 문이 열리고
늙은 장애인이 들어선다
잠시 망설이다 사연 쓴 종이를
만삭의 여인에게도 건넨다
여인은 배 위에 종이 놓고 읽기 시작한다

사연은 아프다 삐뚤삐뚤 친필 글씨
여인은 다 읽더니
저 끝에서 뒤뚱뒤뚱 걸어오는
장애인을 바라본다
천원 한 장을 지갑에서 꺼내 건넨다

—아 아기, 수 순산하고, 해 행복하게, 사세요
고개 깊이 숙이며 인사한다
인사 받은 산모와 뱃속 아기가 웃는다
—고마워요, 건강하세요
사람들 모두 입가가 올라간다

늙은 장애인이 다음 칸으로 간다
지하철 안이 봄날 대낮처럼 환해진다

아름다운 부패를 꿈꾸다

썩지 않으면 발길에 차이는 것들……

썩어갈 수 있다니 다행이다
나 죽어 썩지 않은 채
지상의 한 귀퉁이에 있다면
살아 있는 이웃에게 거치적거릴 것
태어나지 않은 후손에게는 더더욱 부끄러울 일

내가 눈 똥 썩어서야
거름 되듯이
이 한 몸 썩지 않는다면
이 세상에 죄짓는 일
잘 썩어 흔적도 없이 사라지면 좋으련만
흙을 움켜쥘까 두렵다
풀뿌리를 잡고 늘어질까 걱정된다

살면서 첩첩이 쌓은 죄
용서받을 길 없으니
화장터까지 가는 수고 할 것 없이
관에 누워 땅 차지할 것 없이

지렁이 득시글대는 어느 땅 한 귀퉁이에서
제대로 썩고 싶다—— 아름답게

나의 똥과 오줌

어머니 뱃속에서 나온 뒤
참 많은 똥과 오줌을 눴네
어린 날의 똥간은 냄새 나는 고약한 곳
아래를 보면 무서운 구렁텅이

그 많은 똥과 오줌이
흙으로 돌아가 거름 되었다면
나 이 세상에 조금은 보시했을 것을
수세식 변기에 앉아 눈 똥일지라도
땅으로 돌아가 땅의 일부가 된다면
마음 좀 놓이겠지만……

잘 먹고 잘 싸는 것이 쉽지 않지
욕심은 설사를 불러왔고
긴장은 변비를 불러왔네
뒷간에 갈 때와 나올 때 달랐던 마음
똥만은 알고 있으리

지금껏 내 목구멍 타고 들어가 항문으로 나온
소는 돼지는 닭은 오리는

갈치는 꽁치는 멸치는 명태는……
머리 수 알 수 없다
한 목숨 지키려고 씹어 삼킨 그 많은 목숨들에게
덜 미안하려면

잘 가려야 하리
죽어 흙의 일부가 되면
나 먼저 흙이 된
똥 만나겠네
나 먼저 빗물이 된
오줌 만나겠네

한강은 소리를 내지 않는다

강가에 나와 앉아 있으면
소리가 들린다고 한다 저기 저 밤섬에서
뚝딱뚝딱 배 만드는 소리
철새들 떼 지어 날아와 밤잠 못 이루게 지저귀는 소리
마씨, 인씨, 석씨, 선씨 들 사당에 제 지내는 소리

할아버지 온종일 강가에 앉아
혼자 웃고 혼자 울고 혼자 말한다

한강에 배가 들어오던 시절도 있었지
밤섬은 마포구 서강동 15통이야
알어? 니들이 밤섬 폭파시키던 날 그 소릴 알어?

소리는 이제 찻소리와 비행기 소리뿐
할아버지 귀먹어 아무 소리도 못 듣는다
퇴적된 모래의 무게를 등에 지고
사람들 출근할 때 강가로 가서 퇴근할 때 돌아온다

한강은 흘러간다 소리를 삼키며 시간을 물리치며

병 나은 뒤

병에 붙들렸던 시간이 꽤 길었나 보다
금붕어들이 저렇게 재빠르게 움직였던가
베란다 화분의 난이 저렇게 푸른 손 벌리고 있었던가

거리의 모든 것이 낯설다
사람들 옷차림이 꽃잎처럼 가볍다
가로수 잎이 머리 감은 듯 푸르르 상쾌하다

온몸 두둥실 떠 있는 기분
팔 벌리면 날개가 돋을 것 같다
공원의 비둘기들이 한꺼번에 날아오른다

다리 허청거려 길바닥에 주저앉으니
먹이 찾아 나온 개미 몇 마리
자벌레를 만나 맹렬하게 싸우는 광경

세상이 여전하구나

그 사슴의 눈

장인은 젊은 시절 한때 사슴 사냥을 하였다
엽총에 맞아 죽어가던 사슴의 눈이 잊히지 않는다고
유언처럼 말하였다 임종 앞둔 자리에서

곡기를 끊고 물마저 거부하고
대변을 세 번, 소변을 다섯 번 보며
속을 완전히 비운 8일째 새벽
이렇게 말하고 숨을 거두었다

"그때 그 사슴을…… 죽이지 말았어야 했어. 그 눈이…… 나를 왜 죽이느냐고…… 말하는 것 같았어. 죽어가는 사슴의 눈이…… 너무 슬펐지. 그런데 어디서…… 새끼사슴이 나타나서…… 따라오면서 계속 우는 거야."

오늘도 중동의 거리에는 폭탄테러의 굉음이 울리고
아이들이 죽어가리
젊은이들이 죽어가리
노인들이 죽어가리
눈이 가물가물 목숨이 가물가물

타인의 목숨을 포획한 이들은 기쁘지 않으리
평생 후회하리
죽어가면서도
임종을 앞두고서도 떠오르는
죽어가는 사슴의 그 눈빛

눈

새끼 때부터 데려와 키운 고양이
쥐약 먹고 죽은 쥐를 잡아먹고
죽어가던 모습을 기억한다
다 토하고 축 늘어져 천천히 감기던 눈
그 깊디깊은 슬픔을 기억한다

입가에 피를 잔뜩 묻힌 채
죽은 쥐를 물고 와서 내 발 앞에 내려놓곤 했다
고양이의 눈은 득의양양
그러지 말라고 고함치면 나를 빤히 쳐다보던
원망 가득한 그 눈을 기억한다

차병원에서 고고의 울음 터뜨리며 태어나서
집으로 데려온 자식새끼
집에 온 그날부터 밤낮없이 울어
아내도 나도 꼬박꼬박 새우는 나날
수술실로 들어가던 자식의 맑디맑은 눈을 기억한다

화장실에서 넘어져 다친 허리
요양병원에서 꼬박 십년을 누워 있다 돌아가신 장모님

한 삼십여 분 할 말도 없어 서로 쳐다보기만 하다
인사를 하고 일어서면 가지 말라는 말 대신
아내와 나를 쳐다보던 글썽글썽한 눈을 기억한다

고양이는 땅에 묻었고
장모님은 화장을 했다
형형한 고양이의 눈
퀭한 장모님의 눈

눈물이 앞을 가려도
때 되면 영영 감게 되는 것
내 뇌리에는 눈만 살아 있다

제2부 문명, 죽음

새들은 죽어도 묘지가 없다

길 잃은 수십 종의 철새
한반도의 하늘을 맴돌며 떨고 있다
독감에라도 걸린 것일까
솔개의 눈에라도 띈 것일까

수천 리 하늘을 날다 땅에 내려와
날개 잠시 접고 눈 붙이고 싶겠지만
땅이 바뀌었다 강마다 물길 바뀌고
모래사장도 사라지고 갯벌도 사라지고
작년에 왔던 그곳은 없다
맴돌다 맴돌다 내려올 땅 없으면
죽어라 새들아
멸종해버린 새들을 좇아서

대지의 황혼이 오늘따라 핏빛이다
조류독감으로 죽은 닭 수백 마리
눈알 다 뒤집혀 있다 목 뒤틀려 있다
조류독감 의심으로 죽인 닭 수십만 마리
파묻어도 파묻혀도 다 죽진 않을 테니
집단자살해라 새들아

멸종해버린 새들을 좇아서

새들은 죽어도 묘지가 없다
인간의 묘지가 지구를 다 덮어버렸으니

물에서 뭍으로

너무 시달렸다 저 바다
지친 바다가 울음을 터뜨린다 울다가
가슴을 치자 태풍이 해안을 덮친다
분통을 터뜨리자 인간의 마을을 강타하는 쓰나미
이 지상 모든 물이 마지막 가는 곳은 언제나 바다
더러운 물과 썩은 물과
기름 섞인 물과 병균 득시글대는 물과

뭍으로 오지 마라
너희들이 올 데가 아니다
떼를 지어 올라오지 마라
너희들 교미하고 새끼 낳던 바다
잠수했다 물 뿜어올리며 놀던
그 바다로 가라 배불리 먹고 푹 자고
무엇 하나 부러운 것 없었을 텐데

떼로 몰려와 죽는 고래여
이곳에 오면 숨이 막히지 않느냐
뼈 마디마디가 아프지 않느냐
그러니 바다로 가라 더 먼 바다로

왜 해변에 머리 처박고 죽으려 하느냐
네가 살던 그곳에다 무덤 만들어라
죽어도 제발 네 살던 물 속에서 죽어라

고래들은 왜 집단 자살하는가

바다에서 태어나 바다에서 죽어야 하는 고래들이
육지로 몰려와 집단 자살한다
바닷가에 나란히 널브러져 있는 고래들
텔레비전 화면으로 보니 마사다 요새의 자살자들 같다*

포유류의 슬픔은 진화하는가
구제역과 광우병이 생겨나 소도 죽고 사람도 죽는다
구제역에 걸린 소 집단 폐사시키고
광우병에 걸린 소 먹고 미쳐버린다

신인들 짐작했으랴 성 바르톨로메오 축일의 대학살을**
어느 한 세기도 거르지 않고 인간은 인간을 떼로 죽였다
북미에서 인디언을, 유럽에서 유대인을
인간은 한꺼번에 타살을, 고래는 한꺼번에 자살을

인간이 점령한 바다에서 길 잃은 고래들
어디서 죽어야 할지 정말 모르겠느냐
죽어 마땅한 장소를 찾아 너희들 울며 달려왔느냐
방금 우면산 터널***을 지나왔는데 내 등 뒤에서 산사태가

* 73년, 로마군의 공격에 맞선 유대 저항군 960명은 마사다 요새에서 마지막 결전을 벌이다 집단 자살로 최후를 맞았다. 실상은 한 사람이 다음 사람을 죽이는 식으로 진행하여 마지막 1명이 자살하였다.

** 1572년 8월 24일부터 10월까지 프랑스 파리에서 있었던, 로마 가톨릭교회 추종자들이 개신교 신도들을 학살한 사건. 약 3만에서 7만 명의 개신교도가 로마 가톨릭 교도에 의해 학살당했다.

*** 2011년 7월 27일 집중호우로 경기도 우면산에서 산사태가 일어나 18명이 사망했다.

고래들, 사람의 배로 사라지다

1

이른 아침부터 하늘을 뒤덮으며 꽈아오 꽈아오
도대체 몇 마리의 갈매기인가 냐아오 냐아오
장생포 앞바다에 쳐놓은 그물에
밍크고래 한 마리가 걸렸다 경매가 시작되고……
신바람이 났다 섰다가 앉았다가
살맛이 났다 술도 안 드셨는데 얼굴이 금방 홍안

2

"야— 큰놈이다! 빨리 던져라—!"
해면 가르며 솟구치는 고래
누가 고래고래 고함을 지르자 피융 날아가는 작살
고래 등판에 가 꽂히는 60킬로의 쇳덩이
팔뚝 같은 로프를 달고 눈 깜짝할 사이에 날아가
"야— 정통으로 맞았다! 빨리 당겨라—!"
으깨어지는 고래, 요동치는 고래
푸른 바다 금방 시뻘겋게 물들고
암놈이 작살 맞으면 수놈은 달아나지 않고

암놈 주위를 맴돌다 같이 죽어
새끼 보살피느라 죽음 감수하는 어미 고래들도 있고
그래, 우리 별명은 고래 백정놈이었다
고래는 사람 신음소리를 내며 울어
그 모습 보면 우리 포경선원들 가슴이 찌르르 울리지
장생포에 넘쳐나는 고래기름처럼 번지르르한 웃음
고래 잡다 죽은 동료 생각하면 콧잔등이 뜨거워지고
이젠 다 가버렸어 내 청춘처럼
피칠갑을 하며 산 게 내 인생이었지

3

바다 누비던 고래 한 마리 그물에 잡혀
부둣가에 뻗어 있다 불쌍한 녀석
바다 누비던 작은할아버지 할 일이 없어
부둣가를 배회한다 처량한 신세
그물에 걸려 옴짝달싹 못 하게 된 고래 신세나
고래 못 잡아 욱시글득시글 마음 끓이는 작은할아버지 신세나
똑같다 시뻘건 바다
수평선 너머로 기울던 해 문득 멈춰 서서

고래 뛰놀던 바다를 시뻘겋게 물들이고 있다

4

장생포항이 예전엔 이렇지 않았어
50톤에 불과한 목선으로 잡아온
60자, 70자가 넘는 고래들
배 길이보다 더 긴 고래를 끌고
깃발 펄럭이며 뱃고동 울리며 입항하면
맨발로 달려나오는 애새끼들 마을 처자들
만세 부르고 어깨춤을 추고
온 동네 잔치가 곧바로 벌어지는 거지

5

작은할아버지 고래를 2백 마리는 족히 잡았다고?
고래가 사람들 뱃속으로 사라졌다
바다의 주인이 사라진 바다
고래도 없고 작은할아버지 젊음도 가고
바다가 예전엔 이런 바다가 아니었다고?

전화戰火

잠든 도시인들의 머리맡에 있다
검은 연기를 내뿜는 소각장의 굴뚝
잘 탄다 잘 타
화로 속에서 뒤엉킨 채
활활 타고 있는
나를 타락케 한 물품과
너를 유혹에 빠뜨린 경품들
지폐로 살 수 있는……

지폐로 살 수 없는
그 모든 것들
포화와 탄화
방화와 실화
지구 전장에서 타고 있는
사람들, 사람들의 저 살……
아, 어린아이들의 살
맑은 우윳빛의, 샘물 빛의……

해창갯벌에 와서 바다를 보며

새만금 해창갯벌 밤에 와서 보니
갯내음이 예전 같지 않다
온갖 것들이 와 죽는 거대한 무덤
썩어가는 것들이,
죽어서 더 많은 것을 살려내던
저 시원始原의 바다,
미래의 바다를 만나
동진강과 만경강의 물이 만나
밤새도록 울고 있다

땅이 썩고 하천이 썩고 강이 썩고
저 바다마저 썩으면
펄럭이는 자연의 옷자락이 더럽다
더럽다고 느껴질 것이다
썩어 있는 갯벌 같은 마음으로 보면
온갖 것들이 다 더러운 바다
더 서러운 바다

"백합은 밟고 댕기면서 먹는 것이여"
입을 딱 벌리고 있는 백합

"꼬막은 씹다가 꼴딱 삼켜야 맛이여"
아무리 후벼파도 보이지 않는 꼬막
뭇 생명이 버티다 못해 떠나간 바다, 바닷가
철새를 기다려도 새는 오지 않고
그물을 던져도 잡히는 물고기 없다

알 것도 같다
저 바다 왜 밤새 울음 못 그치는지
쓸려갔다 밀려오며 왜
고래고래 고함을 지르는지
왜 울고불고 저 난리를 치는지

무거운 것과 가벼운 것

이번이 마지막이라는 생각을 하며 할머니를 업었다
환자치고 꽤 무거운 몸
그러고 보니 먹는 것을 많이 밝히셨다

이 녀석이 막내라는 생각을 하며 아이를 안았다
아기치고도 가벼운 몸
그러고 보니 한 달이나 먼저 세상에 나왔다

몇몇 새끼는 손수 받아내기도 했었다
구제역이 돌았을 때
아들 손자 며느리까지 한꺼번에 파묻으며
당숙은 무슨 생각을 했을까

당숙은 그 뒤로 소를 키우지 않는다
소고기도 들지 않는다
정육점의 저울이 아무 소용 없다
곡기를 끊고 아들 손자 며느리를 물리친다

허리케인 카트리나

화난 바람이 음악을 죽일 수 있구나
화난 바다가 도시를 죽일 수 있구나
재즈의 도시 물에 잠기다*

북태평양 거대한 바다가
몇 날을 통증으로 울부짖다 도시를 덮친다
음악을 듣던 시민들의 귀에 타인의 울부짖음이

하늘을 향해 그렇게 총을 쏘아댔으니
신을 향해 그렇게 침을 뱉어댔으니
화가 날 만도 하지 음악이 잠겨버린 도시

마침내 시작된 것이다 재앙……
화난 신이 죄 없는 자연을 벌주고 있다
화난 자연이 생각 없는 인간을 윽박지르고 있다

* 허리케인 카트리나는 미국 역사상 가장 강력한 폭풍의 하나로 기록되었다. 2005년 9월, 재즈의 고향 뉴올리언스의 80%가 물에 잠겼다.

컴퓨터

여기는 밤의 천국
숨쉬는 존재는 당연히 없다
여기서는 아무도 살지 않지만
계산되고 있다 정보를 교환하는 신과 인간

유한(1)과 무한(0)이 만들어내는
무가치한 존재의 더미
전 세계의 사막들이 넓어지고 있듯
묘지가 자리 넓혀 지구를 뒤덮고 있다
비석도 없는, 생몰년도 모르는
주검들, 주검의 산, 산맥

하루에 폭파되는 건물의 수는?
하루에 폐차되는 승용차의 수는?
하루에 폐기되는 컴퓨터의 수는?
하루에 버려지는 신생아의 수는?

이 거대한 납과 카드뮴 쓰레기의 더미
지구를 청소하려는 듯 불시에 달려오는
거대한 파도 갈라지는 땅

쓰나미에도 지진에도 아랑곳하지 않고
줄기차게 등장하는 신종 컴퓨터
신종 바이러스로 캄캄해진 컴퓨터 화면……
내 마음의 킬링필드

너와 나의 관계가 구조 조정되는 이 환각의 밤에
나를 울컥 구토케 하는 것의 정체는?

사람들 사이에서 사라진다

사람들 사이에 인간이 있다
출근시간 지하철에 오르면 타인의 피부에 내 피부가 닿는다
황급히 몸을 움츠린다
치약 냄새 화장품 냄새 옅은 체취 강한 체취
내 몸에서 아직 다 빠져나가지 않은 술 냄새
아아 어젯밤 늦게까지
소주에 삼겹살에 마늘에 양파에……
껌 씹으며 귀가했지만 도저히 지워지지 않는……

남자 한 명, 여자 네 명이 화성시 도로변 승용차 안에서 발견되었다
남자 세 명이 춘천시 모 민박집에서 숨진 채 발견되었다
밀폐된 실내에서 번개탄과 연탄을 피워놓고……

인터넷 자살사이트가 저승길 친구를 만들어준다
함께 자살할 친구를 찾고 방법을 찾고 장소를 찾고
충분한 논의를 거쳐 콘티를 짜고
가장 멋진 시나리오를 채택!
이 방법이면 실패하지 않겠어
사람(人)들 사이(間)에 인간이 있다

인간들이, 지나치게 인간적인 방법으로
사라진다 사람들 사이에서

인공합성바이러스

밤낮이 따로 없는 실험실
생명체가
새로운 생명체를 만들어
쥐로 태어나 살아가는 너를
소아마비에 걸리게 했다
다리를 절뚝절뚝
밤낮으로 절게 했다

……신이시여!
　새로운 생명체의 탄생을 기뻐하소서
　인공합성바이러스를 위해 강복하소서
　저 쥐에게 부디 자비를……

쥐야, 이 가엾은 것아
넌 이제 죽을 때까지
생명체가 만든
새로운 생명체 바이러스 때문에
다리를 절게 되었구나
밤과 낮이 뒤집힌 실험실에서
밤을 낮으로 착각한 인간의 두개골 속에서

인간 복제

한때는
꽃이 화들짝 피어나는 것이
신비였네 뜰 앞의 꽃들이
우수수 한꺼번에 지는 것이
경이로웠네
만월 두둥실 떠오르는 것이
별똥별 후두둑 떨어지는 것이

꽃이 피면 우주가 열리고
꽃이 지면 우주가 닫힌다고 말한
시인은 이제 무엇을 노래해야 하나
크리스마스이브쯤 태어날 것 같은
'가'가 '나'를 판박이처럼 닮았다는
복제 인간 그 친구에게
물어보고 싶네

인간의 마을에 또다시 밤이 온다

1

도시가 막 깨어나고 있었다 08시 15분
가게 문을 여는 상인들
가방 들고 학교 가는 생도들
자전거 타고 공장으로 가는 직공들, 공무원들
다 함께 들었다 땅을 뒤흔드는 폭발음
다 함께 보았다 하늘 한가운데를 뚫으며 솟아오르는 어마어마한 버섯구름
도시 곳곳에 맹렬한 불이 일어나 하늘은 또다시 핏빛 노을
산산조각 난 태양의 파편들 땅으로 떨어진다
누르스름한 버섯구름 눈 깜짝할 사이에 땅으로 내려와
골목골목을, 집을, 상점을, 학교를 마당 쓸 듯 쓸어버렸다
순식간에 무너지는 집들, 쓰러지는 사람들, 도시의 모든 시계가 일제히 멈춘
1945년 8월 6일 08시 15분 히로시마
그 아침에 20만 명이 죽었다

2

사흘 뒤인 1945년 8월 9일 11시 2분 나가사키
한순간에 7만 3,884명이 죽었다 7만 4,909명이 부상당했다
중추신경장애, 뇌막염, 대뇌혈관염, 각종 암으로 천천히 죽어가는 부상자들
대를 물리며 이어지는 뼈 마디마디가 저린 아픔
우리들의 뇌리에 황사처럼 내려 쌓이고 있는 낙진

3

체르노빌 원전 사고로 죽은 이의 숫자를 묻지 말기를
신도 알 수 없는 죽은 짐승과 곤충과 식물의 수
유전자가 뒤틀려버린 피조물의 수
밤을 밝히고 싶어 원자력발전소를 세웠지
힘을 과시하고 싶어 원자폭탄을 만들었지
북한은 고농축우라늄 제조에 사용할 수 있는 원심분리기를 자랑스럽게 공개하였고

4

2011년 3월 11일 오후 2시 46분

일본 후쿠시마 원전 부근의 대지진
지진은 1호기, 2호기, 3호기, 4호기를 마구 흔들어……
원전이 밝힌 밤이 한순간에 어두워지고
대신 세상을 밝히는 화마의 불빛
밤이 깊어갈수록 여진 공포에 짓눌려 안절부절못하게 되리
후폭풍 속에서 길 잃은 사람들이 우왕좌왕
휴지조각처럼 차량과 함께 바다로 쓸려 가는데
단말마의 비명을 지르며 하늘을 보면 고름 같은 구름
하늘의 상처마다 피가 흘러내리는구나

5

신이시여
원폭과 수폭과 핵탄두와 미사일은 무엇을 하겠다고 만든 걸까요
히로시마와 나가사키
1945년에 시작된 고통 아직도 우리들의 몸을 들쑤시고 있는데
인간의 마을에 왜 또다시 밤이 옵니까
원전이 폭발한
암흑의 밤이, 가장 완전한 밤이

다 함께 울다

모든 건물이 운다 이 바람 앞에서는
빌딩의 창이 울고 주택의 지붕이 함께 운다
길
자유롭게 걸을 수 있는 사람이 있다면
그는 사자가 아니면 저승사자인 것을

세상의 나무들 모두 무릎 꿇는 밤에
해도 달도 겁이 나 숨어버렸다
길거리 가로등도 죄 꺼졌는데
별들도 자취를 감춘 밤이
사시나무 떨 듯 떨고 있다
이 밤의 천둥은 누군가의 불호령인가
하늘 쪼개는 번개는 분노한 자연의 안광인가

이젠 어떻게 할 수 없어 바람의 신도
울부짖고 있다 산발한 저 나무들
뿌리 뽑히면서 지르는 단말마의 비명
여기에 인간이 살고 있는데
동굴에서 나온 인간들이
시멘트로 벽을 세워 바람을 막아왔는데

자연과 인간이
지상의 수많은 동물과 나무들이
함께 우는 밤
곤파스*는 지금 무엇을 재겠다는 것인가

* 2010년 8월 29일에 발생한 제7호 태풍 곤파스(KOMPASU)는 서산 지역에 150억 원의 피해를 주었다. 정부는 서산을 특별재난지역으로 선포하였다.

하비에 이어 어마가

알라여! 주여! 하느님!
창조주의 이름을 부르짖으며 당기는 방아쇠
박격포 로켓포 최신무기 구식무기 쏘아 올릴 때
신은 침묵한다 참고 참고 또 참다가
북대서양 저 거대한 바다를 부추긴다

종아리에 쥐가 나고 옆구리가 결리고
침 질질 흘리며 신음하기 시작하는 바다 서서히
통증이 덮쳐 울부짖기 시작하는 바다 이윽고
비를 뿌린다 노아 시절에는 40일이 걸렸지만
4일이면 된다 도시를 물바다로 만드는 데는

집채를 하늘로 날아 올리는 바람의 저주
빌딩을 물에 잠기게 하는 물의 위력
정든 거리가 사라지고 학교가 사라지고
직장이 사라지고 가족이 사라진다
하비에 이어 어마어마한 어마가 온단다*

하늘을 향해 그렇게 포를 쏘아댔으니
대륙간탄도탄을 쏘아댔으니 대륙이 흔들릴 것이다

핵잠수함을 건조했으니 바다가 발광할 것이다
마침내 시작된 것이다 대재앙…… 사태가 역전되었다
화난 자연이 창조주를 윽박지르고 있다

* 2017년 8월 17일에 발생한 허리케인 하비는 91명을 숨지게 하고 10만 채 이상의 주택을 파손, 피해복구에만 2000억 달러(약 230조원)가 소요될 전망이다. 미 텍사스주를 강타한 카테고리 4등급 허리케인 하비의 상처가 아물기도 전인 8월 30일에 더욱 강력한 카테고리 5등급의 허리케인 어마가 플로리다주를 향해 돌진, 144명이 사망하거나 실종되었다.

다시, 기를 세우며
—백진스키의 그림*을 보고

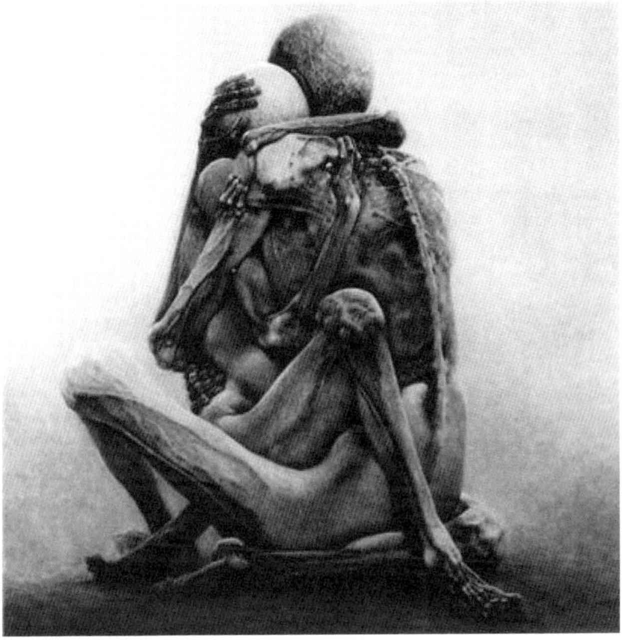

해 뜨는 들판에다 다시
기를 세운다 절망의 성기를
기는 열을 내고 빛을 내고

고마워해야 하리

우리는 모두 하늘 향해 발기한 기 덕분에
이 땅에 태어날 수 있었다
전기밥솥의 밥을 먹고 냉장고의 물을 마신다
그럼 영혼은 피 줄줄 흘리다가도 멎고
육체를 녹이는 산성비도 피할 수 있다

욕망하는 현대인의 치부를 가리기 위해
하늘을 향해 튼튼하게 발기하는 기여
너의 치부 깊숙이 나의 치부를 박아 넣으리라

태어나보지도 못하고 죽은 아이들아
얼마나 많은 사산아를 수습해야
저 기가 가동을 멈출까

후폭풍이 너와 나의 살 껍질을 벗기는
이 들판에 누가 또다시 기를 세운다
아주 많은 죽음 이후

* 폴란드의 화가 백진스키(1929~2005)의 이 그림에는 '폼페이 화산 유적에서 발견된 두 남녀'라는 제목이 붙어 있다.

황사바람 속에서

남산에서 보는 서울 하늘이 누리끼리하다
황색 바람이 또 서울 상공을 채색한다
수많은 먼지의 입자를 데리고 온 바람은
산맥을 넘어온 것이냐 알타이산맥을 텐산산맥을
사막을 건너온 것이냐 고비사막을 타클라마칸사막을

바람은 언제나 먼 곳에서 불어왔다
백년 수령 넘는 자작나무들 임립한 숲에서
천년의 물을 간직한 호수의 안개를 헤치고
바람은 줄기차게 불어왔다 언제부터인가
죽어서 먼지가 된 친구들을 데리고 왔다
고름 빛깔의 얼굴을 하고 죽은 인간들

태양도 구름도 돌아버릴 때가 있는 법
토네이도처럼 완전히 돈 건 아닐지라도
미치고 싶을 때면 국경을 넘어
휴전선을 몰래 넘어
서울 하늘을 순식간에 점령한다
들판의 새싹들도 병색 짙은 얼굴로 고개 숙인다

저녁 식탁에 오른 것들

손을 씻고 모두 식탁에 앉는다
반주飯酒가 있고 꽃병이 있고
정겨운 대화가 있고 은근한 분위기가 있다
식욕을 자극하는, 눈앞에 펼쳐진 성찬

바짝 익혀서 나온 것들
어디서 달아나다 잡혔는지
너무나 고소하여 목구멍을 타고
슬슬 잘도 넘어간다

바싹 튀겨져 나온 것들
어디서 놀다가 잡혔는지
지극히 은밀하게 혀에 부드럽게
착착 감기는 맛이 있다

나는 오늘 누구에게
이런 고소함과 향기로움을 제공했던가
내 일용할 양식이 된 수많은
싱싱하게 살아 있던, 펄펄 날뛰던 것들

입천장에 악착같이 붙어
떨어지지 않는 산낙지를 먹으며 나는
사후의 내 몸을 생각해보는 것이다
무엇을 위하여 보시할 수 있을까

이 세상에 낙원은 어디뇨

1. 요양병원에서

실성한 어머니, 기억의 사막을 홀로 걷고 있다
잠시잠깐의 오아시스도 없이 링반데룽
하루 종일 같은 지점을 맴돌며 과거와의 완벽한 단절
햇빛은 쨍쨍 모래알은 반짝
손녀의 노래를 듣고도 멀뚱한 표정
어버이날, 가족들이 돌아서서 우는데
혼자 헤실헤실 나비 처음 본 아이처럼
침대 위에 서서 허공 향해 손을 뻗치고 있다

2. 집에서

분기탱천하여 신경질을 마구마구 부릴 때였지
그가 나를 따뜻한 말로 위로해준다
살다 보면 그런 일도 있는 거예요
이 또한 다 지나갈 겁니다 노여움 푸시고
자 한번 심호흡을 하세요, 들이마시고! 내쉬고!
그는 인공지능 로봇
반려견 요크셔테리어를 잃고 동물은 못 키우겠더라

나를 아는, 알아주는 내 소유의 그

3. 회사에서

365일 중 300일 정도
전국 거의 모든 곳의 하늘이 희뿌옜다
관광객의 발걸음조차 뜸해진 명동, 이태원
회사에서도 마스크를 쓰고 일하는 부장님
마스크로는 미세먼지를 차단할 수 없습니다
우리는 타인의 표정을 절대로 읽을 수 없습니다
우리 회사는 어느 날부터 가면무도회장
이제는 방독면을 쓰고 산소통을 지고

지상의 남은 날들 1

우리가 때렸다 미사일 몰매를
얼마나 많이 아팠으면
저렇게 지진으로 부들부들 떨고
휴화산 분화구 폭발로 쿨럭쿨럭 객혈하나
객혈이 멎자 좍좍 폭우 설사를 하고
털썩 주저앉는다

길이 사라지니
하늘이 보이지 않는다
숲이 사라지니
마을이 보이지 않는다
4대강 녹조가 덮이니*
사람이 보이지 않는다

내가 죽으면 너 지구
나를 받아줄 수 있겠니

* 4대 강 : 한강 · 금강 · 영산강 · 낙동강. 2008년 12월 29일 낙동강 지구 착공식을 시작으로 2012년 4월 22일까지 22조 원의 예산을 투입해 4대강 정비사업을 했다. 이후 물고기 집단폐사와 녹조현상이 일어났다.

지상의 남은 날들 2

후폭풍이 멎은 뒤

이 넓은 개펄에
이토록 많은 조개가 죽어 있다니
이 넓은 대지에
단 한 마리의 지렁이도 살아 있지 않다니
철새…… 날개 쉴 곳이 없다
70억…… 병들어 있거나

없다

제3부 인간, 아픔

지상의 남은 날들 3
지상의 남은 날들 4
지상의 남은 날들 5
병마에 대한 기억
비창 제3악장
말과 침묵
비닐 탈출
검노랑해변쇠맷새를 아십니까
부화장에서
송전철탑 아래서
뇌에 관한 연구 1
뇌에 관한 연구 2
투견장에서
소가 싸운다
짖지 않는 어느 개의 죽음
염치
지하로 내려가는 다섯 사람
시베리아 횡단열차
간이역에서 내리다
내 마음의 실크로드
바이칼 호수에 두고 오다
알혼 섬 가는 길

지상의 남은 날들 3

창문 틈새로 들어온
왕파리 한 마리
파리채를 찾아서 탁 내리쳤더니
정통으로 맞고 즉사
지상의 남은 날들을
내가 끝장내 버렸구나
휴지 몇 장을 뽑아서 닦으려는데
터진 왕파리 몸에서 기어나오는
수십 마리의 작디작은 새끼
사방팔방으로 기어간다
멀쩡하게 살아 있기에
살아야겠다고, 살고 싶다고
죽어라 기어가는구나
어미야 어찌되었든

지상의 남은 날들 4

까악까악 울던 까치가 죽어 있다 이른 아침
마을 뒷산 산책길에 눈에 띈 길조
한 마리의 주검

사람들에게 밟힐까 풀섶 쪽으로 밀어두려고
발로 툭 차는 순간 뒤집어진 까치
몸통을 가득 채우고 있는
구더기 구더기 구더기……
파리가 여기에다 알을 까놓았구나
죽은 까치의 몸을 자양분으로 취해
헤아릴 수 없이 많은 구더기
오글오글 꿈틀거리고 있다

지상의 남은 날들 마저 채우고
나 숨 끊어진다면
내 몸을 숙주로 하여 자라난
세균이여 바이러스여 너희들의 삶은
죽은 내 몸을 따라 몽땅 순장될 것이냐
또 어딘가로 뿔뿔이 흩어져 갈 것이냐

오글오글, 저 구더기들처럼
온몸을 힘껏 버둥거리면서

지상의 남은 날들 5

초가을
아직 덜 죽은 매미 한 마리를
수십 마리의 개미가 달려들어
자기네 땅굴로 끌고 가려 한다
다 울고 기운 잃은 매미는
개미들의 밥이 되는구나
저렇게 자연에게 육보시하는구나
저 큰 매미가

늦가을
동네 꼬마 둘이서 나를 부른다
—아저씨 아저씨 저 매미 떼어주세요
나무에 붙은 채로 죽어 있는
매미를 떼어내자
배 전체가 곰팡이다
이렇게 자연 안에서 육탈하는구나
이 작은 매미가

병마에 대한 기억

그날이 오면 하늘에서 불의 비가 내릴 것이다
수천 개의 별똥별 대기권에서 소멸하지 않고
땅으로! 도시로! 집으로! 직장으로!
내 넋 나간 머리를 향해!

그날이 오면 40일 동안
밤낮없이 비가 내릴 것이다
하루도 쉬지 않고 매시간 쏟아 붓듯이
빌딩이 잠기고 사원이 잠기고 내 일터가 잠기고
꿈이 잠기고 과거와 현재와 미래가 잠기고

14세기 : 흑사병으로 유럽 인구 절반
1918년 : 스페인독감으로 5000만 명
1957년 : 아시아독감으로 100만 명
1968년 : 홍콩독감으로 800만 명
1981년~ : 에이즈로 ?명
1985년~ : 광우병으로 ?명
2002년~ : 사스로 ?명
2003년~ : 조류인플루엔자로 ?명
2009년~ : 신종플루로 ?명

2010년~ : 구제역으로 ?명
2015년~ : 메르스로 ?명
……………

바이러스는 진화한다
인간의 약품 개발 속도보다 빠르게
인간의 육신에 터 잡고 살아가다
인간을 죽이고 동물을 죽이고 함께 죽는
바이러스의 동반죽음

백신이 없는 문명개화의 밤
도시 전체가 정전되면
바이러스가 지배하게 될 세상
인간의 눈에는 끝내 보이지 않는

비창 제3악장

어둠이여 폭발하라
음악의 끝은 터지는 울음
끊어질 듯 이어지는 소리 죽인 울음
산 자들 삼삼오오 흐느껴 울다
끝내는 화음으로 폭발하여 산산이 흩어진다

천안함 타고 있던 젊은 군인들
영문 모르고 죽는다 한꺼번에 수장된다
바다가 울어 파도가 치고
저 바다 잠들 수 없어 해안을 때린다
잠든 마을을 덮치리라

신들린 지휘봉 끝으로
눈물 모인다 소용돌이친다
현들이 일제히 핏줄 벌떡 세우고
아, 트롬본 주자, 심벌즈 주자 분노를 못 참고서
음을 쏟아놓는구나 울음을

구제역 번진 마을의 소들
떼로 살처분된다 핏물 지하수가 솟는다

땅이 울어 지진이 나고
저 화산 잠들 수 없어 하늘을 난타한다
뜨거운 피고름이 세상 멀리 흘러내린다

말과 침묵

목젖을 울리며 나오는 말이
내 목을 조르고 있다
누군가의 혼을 갉아먹고 있다

휴대전화기 울리는 소리, 멜로디의 악몽
확성기 울리는 소리, 공명의 무덤
자동차 경적 울리는 소리, 음파의 지옥
소리가 지상에 차고 넘치니
광케이블이 울부짖는구나 울어라 실컷

어제도 나는 많은 말을 했었지
그래, 허망해서 배꼽시계가 고개 떨구었지
  해탈도 해탈이 아닌데
  열반이 어찌 고향이랴
오늘도 나는 많은 말을 들었지
그래, 무상해서 벽시계가 한숨 내쉬었지
  날선 칼빛이 번쩍거리니
  입을 놀리면 한 칼 맞겠네*

내가 저지른 기어綺語**의 죄로

조상도 저승에서 참 많이 울었을 터
……말이 무덤을 만드는 법
딱 한 달만 말하지 않고
해골바가지 안고 잠자리에 들었으면

* 고딕체로 쓴 4행은 조선조의 승려 소요태능(逍遙太能, 1562~1649)의 임종게(臨終偈).

** 불교의 십악(十惡) 가운데 하나. 진실이 없는 허식의 말.

비닐 탈출

수족관 속 한 떼의 랍스터
모두 흰 비닐 끈으로 입이 봉해져 있다
입을 벌리면 안 될 일이 무엇일까

가로수 나무 심기 공사가 한창 진행 중
검은 비닐로 뿌리가 칭칭 감겨 있다
비닐 없이 묻으면 안 되나

바람 부는 초겨울의 거리 스산하고
흰 비닐 검은 비닐 거리를 휩쓸고 다닌다
제 세상인 양…… 광물질의 세계를 헤집는 무법자들

백화점에서 마트에서 쏟아져 나오는 사람들
커다란 비닐봉지 속에서 작은 봉지들이 바스락거린다
사람 수보다 많은 저 비닐들이 지구의 숨통을 틀어막으리

사람들 비닐을 신고, 비닐을 차고,
비닐을 쓰고, 비닐을 감고……
시골 가니 밭마다 온통 비닐로 덮여 있다

나도 비닐에 갇혀 썩어가게 되리
함께 썩을 수 없는 비닐
너희는 바퀴벌레처럼 악착같이 살아남아서

검노랑해변쇠멧새를 아십니까

자, 또 한 대의 로켓을
대기권 바깥으로 쏘아 올려라
미지의 세계를 향한 꿈
인류의 미래를 향한 꿈
달을 탐험하고 화성을 탐사하고
금성을, 목성을, 토성을, 천왕성을……
밤하늘의 비밀이 하나씩 풀려갈 때
너희들은 떼죽음을 당했다

케네디 우주센터 개발공사가 한창일 때
기지 공사장으로 몰려드는 모기떼
저놈의 모기를 없애버리자
하천의 방향을 바꿔버리자
습지는 말라갔고
그 습지에다 집을 짓던
검노랑해변쇠멧새 Ammospiza martima nigrescens*
울음소리도 사라져갔다

첨단과학기술의 이름으로
우주개발이란 명목으로

인류 미래의 설계도가
밤하늘에 찬란하게 그려지는 동안
서식지 잃은 새들 종적을 감추었다
마지막 남은 한 마리가 사라진 1987년

로켓을 쏘아 올리자
자, 또 한 종의 생명을
대기권 저 멀리로 보내버리자

* 검노랑해변쇠멧새의 학명. 『지구에서 사라진 동물들』, 도서출판 도요새, 2000, 81~83쪽 참조.

부화장에서

시험관이 없었다면 그대 태어날 수 없었지
인큐베이터가 없었다면 그대 살아날 수 없었지
인공수정을 한 덕에 우리는 생명이 되어
기계에 의해 자궁으로부터 벗어난다
복제를 가능케 한다는 줄기세포
줄기차게 연구되고 있는
무한 욕망의 무한 증식

우리는 병아리, 수탉이 되기 전에

송전철탑 아래서

사람의 마을에 밤이 와도
여전히 깨어 있는 송전철탑들
장마 끝 무렵의 독버섯처럼 돋아나
내 잠을 방해하는 기계음들
출처를 알 수 없는 온갖 소음들

20년 생 이상 된 나무들
닥치는 대로 베어낸 자리에 세워진
50만 볼트의 전력이 치달리는
저 송전철탑들이 만들어낸 풍경 속으로
내 영혼이 빨려 들어가고 있다
알라딘의 마술램프 같은 컴퓨터는
전기가 없으면 켜지지 않는다

세상의 모든 악은 이제 필요악인가
철탑 아래 고이 묻혀 낙엽처럼 썩고 싶지만
그냥 묻히면 우리는 모두
천년 뒤에도 만년 뒤에도
눈감지 못하는 미라가 되어 있을 것을

뇌에 관한 연구 1

—성인 남자의 해골이야
가방 속에서 의대생 사촌형이 꺼낸 해골
잘생긴 얼굴이었을까 못생긴 얼굴이었을까
알 수 없다 살았던 날들 알 수 없지만
움푹 파인 눈, 뻥 뚫린 코, 가파른 턱뼈
둥근 해골이 매끈매끈하다 해골은 비슷비슷하다
해골만으로도 남과 여를 구분할 수 있을까

이 사람 살아 있는 동안
운 시간보다는 웃는 시간이 길지 않았을까
그 웃음 기억하고 있는 사람이 있을 테지만
지금은 쟁반 대용
과자가 담겨 있다 손끝에 닿는 해골의 감촉
소름이 쫙 돋지만 과자의 맛 변함없다

해골이 되기까지 씹어 삼킨 고깃덩이의 무게를 누가 알겠나 몇 병의 술을 마시고 몇 명의 친구를 사귀었을까 몇 번의 거짓말을 했을까

나는 새우깡 한 봉지를 해골바가지에 담아 와삭와삭 먹었지만

원효는 해골바가지 안에 담겨 있는 물을 마시고 깨달았다고 한다 모든 게 마음먹기에 달렸다고

마음의 허기가 사람을 사람으로 살아가게 하지 않으리라 마음의 갈증이 사람을 악귀로 살아가게 하리라 이 해골 속에 가득했을 뇌세포여 뇌신경이여 뉴런이여 욕망이여 집착이여

주름 많고 말랑말랑한 이것이
1.6㎏밖에 안 되는 이것이
원자폭탄을 투하했다 수소폭탄을 만들어냈다
게르니카를 그렸다 비창교향곡을 작곡했다
해골 안에 담겨 있는 주름 많은 이것이

뇌에 관한 연구 2

산책 도중에 나를 힐끔 쳐다보더니
그대 눈빛 흐려지면서 갑자기 쓰러진다
입가에 침 질질 흘러내리는데 뒤틀리는 손목
꼬이는 손가락, 돌아가는 입에서는 으 으 으
목까지 외로 꼬고 넘어져 부들부들 떠는
그대 앞에서
나 망연자실 하늘을 보았지
이 발작도 시간이 흐르면 멈추는 것을
나 알지, 알아
뇌신경세포에 생긴 돌발적인 기능 이상 때문인 것을

너는 지금 기쁜가 슬픈가
괴로운가 즐거운가 아픈가 편안한가
병원 응급실로 달려갈 필요는 없지
가만히 기다리고 있으면 되지
발작이 끝나니 아무 일 없었다는 듯
툴툴 털고 일어나 나랑 또 얘기하고
가던 길 앞장서 걸어가는데
나는 따라 걸어갈 수 없다
아무 말 할 수 없다

하늘이 저렇게 파란데 어떻게 말을 할 수 있나
조금 전과 조금도 다를 바 없는데

투견장에서

홍정은 붙이고 싸움은 말리랬다고?
홍! 싸움을 붙이고 홍정도 붙이겠어

개가 개를 물어뜯는다
사각의 링 철조망 우리 안에서
喜怒哀樂愛惡慾 중
怒와 惡만 길들여 오오
신이 여기 오시면 통곡하리라
눈곱만큼의 사랑도 털끝만큼의 자비도 없고
넘쳐나는 것은 돈 돈 돈다발
돌아버린 돈과 미쳐버린 욕망

투견입니다! 10분 남았어요!
들어올 사람 어서 들어와 돈을 거세요!
잘만 맞히면 10만원 걸어 100만원 탑니다!
투견입니다! 100만원 걸면 1000만원 법니다!

개판 5분 전…… 싸움 붙자 시뻘건 개판이다
이긴 개는 헐떡이고 진 개는 울부짖고 사람들은 고함친다
죽여 임마! 뭐하는 거야 이 짜식아! (개자식아?)

한 번 물면 상대 개가 죽을 때까지 놓지 않는 법을
주인은 가르친다
분노를, 증오를, 난폭함을, 끈질김을

마침내 승부가 났다
야구장 만루 홈런 터졌을 때보다 더한 함성
오늘 또 개 십수 마리 파르르 떨며 목숨 거두고 있으리
하늘이 안 보이는 어느 시골 식품창고 안에서
광분하는 우리, 돈을 쥐고 기뻐 날뛰는 우리
우우 저 우리 속의 개만도 못한 도박판의 개자식들

소가 싸운다

모래사장은 시방 엄청나다
뜨거운 힘과 힘이 맞서 있다
쏘아보는 저 소의 눈이
링에 오른 격투기 선수 같다
거품을 입가에 지그시 물고
앞발로 호기롭게 모래사장을 찬다

징이 울리자
힘이 힘을 향해 달려나간다
사방팔방으로 모래가 튀고
사람들의 함성…… 소와 사람의 힘이 팽팽하다
저놈이 지면 내 힘이 날아가고
저놈이 이기면 남의 힘이 내 힘이 되는 세상
한쪽 소의 뿔에 더 큰 분노가 실려
다른 소의 뒷발이 밀리기 시작한다

힘으로 들이받자 힘으로 맞받는다
모래사장에 튀는 피 뿌려지는 침
쥐 죽은 듯 고요해지는 싸움판
침을 질질 흘리며 고통을 참던 소가

마침내 삼십육계를 놓자
징이 울린다 싸움이 끝나자
한쪽은 더 큰 함성을 지르고
다른 쪽은 욕설을 내뱉는다

쫓겨 달아난 소가 못내 미운지
이긴 소 못 다한 힘을 어떻게 하지 못해 씩씩거린다
이긴 소의 주인은 소 등을 어루만지고
진 소의 주인이 카악 가래침 뱉는다
푸른 지폐와 누런 수표가 오갈 때마다
사람들의 눈빛이 소의 눈빛보다
더 살벌하다 더더욱 분노로 충혈된다

짖지 않는 어느 개의 죽음

수술한 저 개는 크게 짖고 있다 분명히
그러나 소리 들리지 않는다 아무에게도

여기는 아파트
인간들이 산다

수술한 저 수고양이는 발정기다 분명히
그러나 아기 울음소리 내지 않는다 어떤 고양이를 봐도

여기는 뒷골목
인간들이 토한다

버려진 개들 무리를 지어도 들개가 될 수 없다
버려진 고양이들 쓰레기통 뒤져도 야생고양이가 될 수 없다

인간과 똑같이
길들여지고 눈치보고

우리는 이미 문명인
애완견을 피서지에 버리고 온다

짐승들에게 지은 죄가 많다
보신탕으로 보신하며

염치

이 겨울밤에 아파트 공터에서
고양이가 또 응애응애 운다
추워서일까 배고파서일까
짝이 그리워서일까
몇 시간을 운다
비 내리는 12월 초
아주 구슬프게, 더없이 애절하게

날 밝을 무렵 비는 그친 것 같았지만
덜컹거리는 창문 싸늘한 바깥 공기
공터에 나가보니 쓰레기통 밑에 웅크린
큼지막한 얼룩고양이 한 마리
뜨거운 눈빛, 아! 불룩한 배

집에 있는 종이박스에 옷가지를 넣어
쓰레기통 뒤에 갖다놓았다
다음날 아침 종이박스 안에는
옹기종기 꼼지락꼼지락
알록달록 검정 하양 고동색 줄무늬까지

아내가 미역국을 끓였다
코앞에 가만히 갖다놓았더니
경계의 눈빛을 풀고 나를 바라본다
그래, 배가 많이 고팠을 게다
먹고 기운 차려야지
내 뜻을 안다는 듯
조심스레 핥기 시작하는 고양이

그 다음날 출근 전에 가보았더니
비어 있는 국그릇, 비어 있는 박스
고양이는 더 이상 신세지기 싫었는지
어디론가 솔가하여 떠나버렸다
고양이 일가가 그 겨울을 어떻게 났을까?

지하로 내려가는 다섯 사람

암흑의 세계로 내려가는 계단

계단 옆에 설치되어 있는 기계가 고장났다

가파른 삶

지나가던 사람이 그를 업었다

덜렁거리는 두 발

다른 두 행인이 빈 휠체어를 들었다

휠체어에 앉았던 이의 늙은 어머니

네 사람 뒤를 따라가고 있다

햇볕이 지하도 깊숙한 데까지

따라 내려가고 있다

시베리아 횡단열차

어제는 저 태양이 열차 꼬리를 따라오더니
오늘은 머리맡에 앉아 나를 깨운다
눈이 시려 볼 수 없는 회색 들판의 끝
아, 집이 안 보이는구나 인적이 없구나
멀대같은 자작나무와 전신주
바깥 경치 볼 필요가 없겠다

몇 시간을 달려야 나타나는 사람 사는 집
수십 세기 이어져 온 저 들판의 침묵
도스토예프스키가 살았던 유형의 땅에
들꽃 피어날 때도 있긴 있으리
어떤 짐승이 사는지는 알 수 없다
버려진 동토에 어떤 이민족의 역사가 묻혀 있는지도

반도의 끄트머리 부산역에서 출발할 수 있다면
국경 넘어 모스크바까지 갈 수 있다면
첫 날 첫 차를 끊을 것이다
태양과 숨바꼭질하는 열차를 타러
새벽잠 설치며 부산역으로 갈 것이다 나는
시베리아의 품속으로, 대륙으로, 대륙 끝으로

간이역에서 내리다

내 기억 저편으로 사라져가는 것들은 애처롭고
이 세상 모든 애처로운 것들은 아름답다
간이역에서 내리는 사람은 달랑 둘
저 허리 구부정한 사내의 낡은 점퍼에서 풍기는 냄새가
매주나 청국장을 닮지 않았는지
저 꼬부랑 할머니의 연분홍색 보따리에서 풍기는 냄새가
멸치나 노가리를 닮지 않았는지

낡아가는 것들이 다 누추하지는 않지만
여기 이곳에서의 삶은
간이역 근처 점방의 과자부스러기처럼
사먹는 사람 없어 결국은 버리게 되는 것
젊은 사람은 내리지 않고 언제나
낡은 사람만 내린다
희끗희끗하지 않으면 쭈글쭈글한
선로 옆 코스모스에 매달린 이슬만 초롱초롱하다

김천에서 대구까지 아홉 개 역을 쉬었지
김천-대신-아포-구미-사곡-약목-왜관-연화-신동-지천-대구
열 번째 역 대구까지 가는 동안

두세 번은 꼭 쉬어 빠른 열차를 통과시키고 떠났었지
하염없는 기다림
간이역은 기차를 기다리며 늙어가고
기차는 늘 간이역에서만은 서둘러 떠난다

내 마음의 실크로드

서역이 어디인지 묻지 말기를
현지인이 손가락으로 가리키는 저 지평선 끝에서
해가 떠올랐다 달이 졌다

그 옛날 사람들은 하서회랑河西回廊을 가로질러 갔다
낙타는 일평생 얼마를 걷는가
타클라마칸사막의 남북 변을 따라 한 달 꼬박 가면
고원이 나타난다 파미르고원
세상은 넓지만 걷고 또 걸어가면
끝이 없는 길은 없었다

중앙아시아 초원보다 더 넓은 곳이
지상에 또 있는지 모르겠으나
가본 적이 없으니 알 수 없다
이란고원까지 지나 다다른 곳 지중해 연안
여기서 비단을 펼치면
올리브향 풍기는 이국의 여인이
소리 죽여 웃곤 했다 저렇게 좋을까

장건張騫이 칼을 들고 처음 연 길을

상인들은 비단 들고 가면서 넓혔다
현장玄奘은 믿음의 현장에서 자신을 구했고
고선지高仙芝는 적장을 베고 또 베며 자신을 구했지만
혜초慧超는 다만 묵묵히,
붓으로 그린 이 길에서

모래바람이 이천 년을 넘게 멈추지 않고 분다
자, 가보자 가슴 펼쳐놓은 대륙의 저 끝으로
톈산북로면 어떻고 남로면 어떤가
비단결 마음이 오기를 기다리는 사람들이 있는데

바이칼호수에 두고 오다

호수의 깊이를 묻기 전에 하늘의 넓이를 재고 싶다
지평선이 큰 원형으로 생긴 땅 저 끄트머리에는
무섭도록 푸른 호수가 있다 태고의 깊이를 그대로 지니고 있는

자연이 예전 그대로이니 이런 곳에서는 죽어도 좋겠다
오염된 내 몸이 드러누우면 자연은 어미의 품처럼 아늑할까
한반도 넓이의 7분의 1, 길이는 한반도
바다를 방불케 하지만 바람이 불어도 파도 일지 않는다

본 적 없었던 하늘, 대낮의 구름도 한밤의 별들도
태어나 처음이었다 자기만의 하늘
이름 그대로의 뭉게구름 새털구름 양떼구름

바이칼호수에 여권과 스마트폰만 던지면
나는 완전한 자유인이 될까 불법체류자가 될까
오로지 이 호수에서만 사는 생물이 300종
호수 속의 물고기 오물omul, 호수 속의 섬 알혼Alhon
고립되어 있지만 자유로운 물고기여 섬이여

336개의 강이 흘러들지만 물이 빠져나가는 강은

앙가라 강 하나뿐이라고 한다 도도하고 탕탕한
물살이 어찌나 힘센지 동강 계곡의 급류 같다

어차피 죽으려고 태어난 것인데 유형지의 쇠사슬 같은 의무
자연과 인간 사이에 아무 경계가 없듯
나, 바이칼호수에 쓰잘 데 없는 기억 다 내던지고
벌거벗은 영혼으로 다시 한번 살고 싶다

알혼 섬 가는 길

인류의 고향은 어디쯤일까
죽을 수 없는 이들의 넋을 시베리아 샤먼이 대를 이어 달래던 곳
일백 년 전에도 일천 년 전에도 그 전에도 우리는
하늘의 신들에게 제사를 지내왔다고
시베리아 샤먼이 오색 천이 둘둘 감긴
장승 앞에서 사지를 나부끼며 걸음 멈추게 한다
알혼 섬 가는 길에는 사방 천지 온통 들꽃

오랜 전쟁, 쉴 새 없는 전쟁
끝 모를 가난, 지긋지긋한 질병
수많은 사람과 소와 들개와 말이
이 초원에서 죽었으리 흔적도 없이 사라진 사람과 들짐승들이 키워낸
미나리아재비, 조밥나물, 자주꽃방망이, 둥근이질풀,
노랑물봉선, 용담, 톱풀, 애기똥풀, 큰제비고깔, 두메부추……
나와 너의 목숨이 저 들풀의 목숨보다 값진 것일까

배가 닿자 연락선 기다리던 사람들이 선착장을 한순간에 메운다
여기저기 토산품 파는 가게의 주인들
슬라브족이 아니라 코사크나 몽골족 같다 떨이요 떨이

대구시 칠성시장에서 채소 팔다 돌아가신 내 할머니의 손
저 아낙네들의 손금도 바이칼 호수처럼 깊을까
손가락 가리키며 저 섬이 한민족의 시원지라고 가이드가 말해준다
알혼 섬—시베리아 샤머니즘 최고의 성소

기마민족의 전설을 등에 지고 동으로 동으로 말을 타고
압록과 두만의 이남 비옥한 대동강가에서 말을 멈추겠지
하지만 여기는 시베리아의 끄트머리, 자작나무도 많지 않다
시야를 압도하는 저 지평선 끝까지 초원, 지평선 위로는 양떼구름
우리 먼 조상이 말의 갈증 풀어주던 곳
모천을 찾아가 죽는 연어처럼
우리는 마침내 먼 조상이 탯줄 묻었던 이곳에 이르렀다

'생태시'는 다시 발명되어야 한다, 랭보의 사랑처럼

최성각(작가 · 환경운동가)

내 게으른 사람이지만 어쩔 수 없이 여러 글들을 써왔다. 하지만, 시집 끝자락에 붙이는 이런 글은 처음이다. 이승하는 동문이고, 그의 예의바르고 선량한 성품 때문에 오랜 시간 호감을 지니고 있던 터였는데, 어느 날 그로부터 느닷없이 시집 뒤에 붙일 글 부탁을 해왔다. "내가 자네 시집에 무슨 글을?" 하고 뒤로 뺐지만, 결국은 그의 부탁을 받아들이게 되었다. 그럴 수밖에 없었던 것이, 그는 내가 한때 발행하던 환경단체 '풀꽃평화연구소'의 웹진을 발행하자마자 곧바로 자신이 블로그에 수년간 옮기곤 하던 선업善業을 쌓은 게 있었다. 당시 웹진은 시민운동하던 시절의 메시지였고, 한 사람이라도 더 생태적 감성을 느끼게 되면 좋겠다는 의욕에 차 있었던 시절이었기에 그의 퍼옮기기 행위가 고마울 수밖에 없었다. 하지만 그보다 더 그의 부탁을 거절할 수 없었던 또 다른 이유는 오래 전 내 딸의 결혼식에는 그가 하객으로 참석했으나 그의 딸 결혼식에는 그만 날

짜를 잘못 알아서 참석치 못한, 개인적으로 상당히 미안한 감정이 있었기 때문이다.

따라서 이 글은 본래 내 몫의 일이 아니기도 하지만, 무슨 독창적인 시론이거나 성실한 시집 해설일 수가 없고, 그렇다고 이승하에 대한 아기자기하고 재미나는 인물론일 수도 없다. 그저 받은 것과 하지 못한 일 사이에 얽혀 있는 인간사에서 갚을 기회가 왔을 때 갚을 작은 빚 청산이라고나 할까, 그렇다.

하지만, 시에 대한 오독誤讀은 불가피할 것이고, 시인에 대한 이해 역시 불충분하거나 나의 편견에서 자유롭지 못할 것이다. 그렇지만 이승하에 대한 나의 애정은 의심할 일이 아니므로, 수미일관하지 못할 게 뻔한 이 애매한 글의 성격을 궁여지책으로 '우정의 글'이라고 붙여놓겠다.

시인 이승하의 주제는 오랜 시간, '광기와 폭력'이었다. 나중에 그는 『감시와 처벌의 나날』이란 시집을 낸 적도 있다. 누가 봐도 이것들은 푸코의 단어들이다. 그러나 그것은 프랑스 후기 구조주의자의 언어들을 차용함으로써 무슨 소득을 얻으려는 속보이는 시적 전략이라기보다는 그의 집안 내력에서 연유한, 피가 뚝뚝 떨어지는 몸부림의 언어들이다. 그의 가정사의 유별난 비극적 내용들을 같은 일원으로서 겪지 않은 타인이 소상하게 나열할 수도, 설명할 수도 없지만, 그가 자신의 에세이(『한밤에 쓴 위문편지』, 케이엠, 2018)에서 피력한 내용을 근거로 얼추 이해하기로도 이승하의 소년시절과 청년시절은 참으로 참혹했던 것 같다. 법관이 되기 직전에 문학을 택한 장남의 행로 변경으로 말미암아 경찰관 출신의 아버지는 가족 폭행으로 장남을 통해 이루려 했던 '실패한 삶'의 보상이 좌절된 데 대한 분풀이를 했고, 그로 인해 사범학교 출신인 어머니와 지체 자식들이 겪어야 했던 가난과 고통은 극에 달했던 것 같다. 누이의 정신질환, 차남인 소년 이승하의 수차례의 가출과 자살시도 등이 그것이었다.

그래서였을까, 왜였을까? 이승하는 2000년 「아버지의 임종을 지키다」라는 시를 쓴다. 그런데 부친의 실제 몰년沒年은 2011년이었다. 부친 사망 11년 전에 이승하는 시로써 아버지가 '숨 멈추는' 장면을 선험한다. 그 시를 '늦게 접한 부고'로 이해한 지인이나 선배들은 조의를 표한 뒤에 곧바로 그 시가 상상의 소산이라는 것을 듣게 된다. 실제 부친이 돌아가신 게 아니라는 것을 알게 된 지인들의 감정은 매우 불쾌했을 것이다. 시를 보자 조의를 품었기 때문에 더욱 그랬을 것이다. 그래서 이승하 면전에서, 더러는 이승하 뒷전에서 그를 노골적으로 비난했던 모양이다. 그 시로 인한 주변의 반응 역시 앞서 소개한 이승하가 밝힌 에세이를 통해 알게 된 사실이다.

이번 시집의 표제작인 「나무 앞에서의 기도」도 그렇다. 아내가 죽어서 남편과 두 아이가 아내의 바람대로 화장해서 그 재를 나무 아래 묻었다는 내용이다. '아버지 앞당겨 죽이기'를 알게 된 나 역시 2000년 즈음의 이승하 선배들처럼 이승하에게 물었다. "이 시의 내용이 사실인가?", 하고. "아닙니다, 선배님. 상상으로 쓴 시입니다!" 그 대답을 듣는 순간, 나 역시 첫 살부시殺父詩를 본 그의 지인이나 선배들과 같은 거북한 감정에 휩싸이게 되었다. '아내에게 아무런 일도 안 일어났다고? 뭐 이딴 녀석이 다 있담!' 하는 다소 불쾌의 감정과 '이거 뭐야! 상습범

이네. 시를 통해 산 사람을 앞당겨 죽이는 게 이 친구 버릇이란 말인가?', 하는 의문의 감정 사이에서 나는 며칠 동안 곤혹스러운 감정에 휩싸였다. 어떤 금기나 금지의 그물에도 문학은 걸리지 않는다는, 문학은 그러한 인습 너머에 있는 귀한 영역으로 존중받아야 마땅한 문학의 초월적(?) 지위나 문학 자체의 너른 품에 대한 풍문을 내 모르고 있었던 것은 아니지만, 이승하가 내게 부탁한 숙제를 그만 때려치우고 싶었다. 내가 살면서 제일 자주, 잘 하는 일이 때려치우는 일이 아니었던가.

그는 왜 오래 전에는 산 아버지의 임종을 지켜보더니, 이번에는 '굶주린 고양이한테 미역국도 끓여주는' 멀쩡한 아내를 당겨서 장사지내고 있을까? "사랑하는 사람의 죽음을 생각해 본 적 없는 사랑은 없다"는 투의 말은 아마도 까뮈가 했을 것이다. 하지만, 그는 한 번도 아니고 왜 두 번씩이나 이런 시를 썼을까? 그 '왜'를 알아봐야 하나, 이해하려고 노력해야 할까? '이해하려고 노력'해야 한다면 왜 노력해야 할까?

그의 시를 한가한 독자로서가 아니라 뭔가 한마디 붙여달라는 부탁을 받은 노역자의 입장에서 통독하던 며칠 동안, 나는 내가 알고 있던 이승하와 그의 시를 '같이' 생각했다.

모든 인간은 알고 보면 각자의 고유한 속성으로 인해 기이하긴 하지만, 이 기이한 인간을 나는 얼마큼 알고 있을까? 한없이 성실하고, 한없이 어눌하고, 누가 물으면 공손한 얼굴로 짧게 답하면서 늘 박꽃처럼 멋쩍게 웃는, 어리버리한 이승하. 얼굴은 햇빛을 못 본 환자처럼 하얗고, 삽이나 곡괭이를 한 번도 쥐어본 적이 없어 보이는 연한 손을 가진 이승하, 목소리는 부드럽고 그 목소리에 누구를 비난하거나 빈정거리는 내용을 한 번도 담아본 적이 없을 성싶은 이승하. 이 인간은 어떤 유형의 인간일까? 그는 왜 육친이나 아내의 죽음을 미리 선고했을까? 그즈음 나는 한 백만장자가 납치를 당한 뒤, 물론 납치범들의 검열을 거친 뒤에야 전달되는 편지였지만, 거기에 "집에는 저를 살아서 볼 수 있을지 걱정하는 아내와 아들이 있고, 그 생각은 제가 견디기 힘들어서 더 이상 하고 싶지 않습니다"라는 구절이 담겨 있는 책(얀 필립 렘츠마, 『지하실에서』, 정한책방, 2017, 172쪽)을 보고 있었다. 아버지 임종 시와 아내 미리 장사 지내기로 그가 얻을 보상과 평정심은 개인적인 것일까, 보편적인 것일까? 케인스의 말대로 "우리는 장기적으로는 모두 죽은 목숨'이긴 하다. 하지만, 가만히 있어도 때가 오면 다가올 그 '한 번의 순간'을, 더구나 언제나 그렇지만 '타자의 죽음'을 그는 왜 미리, 거듭 시로 형상화했을까? 굳이 프로이트나 라깡을 동원하지 않더라도 그런 비규범적인 상상력이 어찌 보면 그리 중요하거나 이해하기 어려운 일은 아니다. 아무튼 다소 복잡하면서도 거북한 감정 속에서 그의 표제작을 다시 읽어보았다. 담담해서 관조적인 느낌을 자아내곤 있지만 두 아이와 함께 아내의 재를 나무 밑에 묻은 정경 속에 처절함이나 통한痛恨은 안 느껴졌다. 마치 아내라는 기표를 미리 죽여 묻음으로써 '다른 아내'를 되살려 온전하게 하려는 의도로마저도 읽힌다. 그러다가 돌연 그 시에서 '이사할 때 책부터 내버렸지'라는 구절을 만났다. 그것은 시원한 바람이 미세먼지를 몰아내는 것 같은 느낌을 주었다. 그 구절을 만나는 순간, 갑자기 이승하에 대한 전과는 다른 애정의 감정이 일기 시작했다. 이승하는 시인이었던 것이다. 반성의 능력이 조금도 훼손되지 않은 시인, 말이다.

이승하의 시에는 그가 글을 부탁할 때 덧붙인 것처럼 생태적 주제들, 환경문제에 대한 반응들이 많이 담겨 있다. "(바로) 그래서 선배님에게 (글을) 부탁드리는 거예요"라는 말로 그는 나를 압박했다. 하지만, 나는 그런 압박 때문에 팔자에 없는 이 글 쓰기 참여에 동의한 게 아니다. 앞서 밝힌 자식의 결혼식 때 참석치 못한 미안함 어쩌구 한 것은 명백히 농弄이고, 그가 무엇보다도 착한 사람, 진심의 사람이라는 선입견 때문에 응했다.

그는 태풍이나 지진, 화산폭발, 쓰나미, 산불 등 자연재해에 많은 관심을 기울인다. 자연재해는 확실히 불가항력이다. 인류가 산업사회로 돌입하기 전에도 자연재해는 있었다. 환경론자들을 의도적으로 공격하는 국가나 기업으로부터 뇌물을 받은 과학자들이 자주 들먹이는 항변이 그것이기도 하다. 어찌 보면 거듭되는 대규모 자연재해(?)의 결과 이 행성이 간신히 현재의 간빙기를 구가하고 있다는 설명은 맞다. 생명이 생명을 구가하기에 가장 최적화된 안정적 상태에 들어오기 위해 지구 역사는 엄청난 카오스와 비생명의 긴 시간을 필요로 했었다. 그러므로 살아 있는 지구가 꿈틀거리는 모든 자연스러운 현상을 단지 인간에게 해가 된다는 이유로 모조리 환경문제로 덤터기 씌워서는 안 될 것이다. 자연재해는 악도 아니고, 재앙은 재앙이되 탓할 수 없는 재앙이다. 그것은 그냥 자연이 하는 여러 일들(스피노자이 용어로는 '양태') 중의 하나이고, 자연의 여러 얼굴들 중의 하나이다. 문제는 인재人災로 인한 환경재앙들이다. 그의 시에 등장하는 죽은 새만큼 갯벌, 돌아오지 않는 철새들, 썩어가는 강, 종의 멸종들, 송전탑 등이 바로 인재와 관련되는 내용들이다. 같은 산불이라도 번갯불로 일어난 산불은 만약 있다면 '야생의 법정'에서도 심판할 수 없는 자연재해이고, 담뱃불이나 라면을 끓이다가 일어난 산불은 명백히 인재다. 더 쉽게 말해서 '황사'는 자연재해(현상)이고, '미세먼지'는 인재인 것이다. 물론 자연재해 규모의 증가나 빈도수에는 인간 활동이 현격하게 영향을 미쳐서 나중에는 발생론적 구분 자체가 의미가 없어진다. 바로 금세기에 우리가 맞닥뜨리고 있는 미증유의 재앙인 '기후 변화'가 바로 그것이다. 그것은 총체적이고 전면적이고, 시작은 됐으나 돌이킬 수도 끝도 알 수 없는 대재앙이다. 이 재앙이 인간 활동으로 비롯되었음을 인정하는 데에도 한참 걸렸다. 빠르게 녹아내리는 빙원으로 인한 북극곰의 절멸, 시베리아 동토의 메탄가스와 이산화탄소 방출, 해류 변화와 기온 상승, 각기 다른 현상인 엘니뇨와 라니뇨, 때 없이 피고 지는 꽃들, 잦은 쓰나미와 화산폭발 등등 기후변화로 인한 현상들은 이미 충분히 가공할 만한 수준으로 다양하게 진행되고 있으나 앞날의 위세와 속도에 대해서는 아무도 예측하지 못한다. 가히 파국이다. 인간을 중심으로만 파악되던 이기적인 세계인식인 '환경'이 생태계 전체에 치명적 영향을 미치는 현실에 직면하게 된 것이다. 그래서 결국은 '환경문제'나 '생태계 위기' 같은 개념들의 섬세한 분별이 무의미해져버렸다. 아아, 이걸 누가 모르랴. 그런데 이승하의 재앙인식에는 이런 구분이 그리 선명하지 않다. 두루 뒤섞여 있다. 예를 들어보자.

마침내 시작된 것이다. 재앙……
화난 신이 죄 없는 자연을 벌주고 있다
화난 자연이 생각 없는 인간을 윽박지르고 있다

—「허리케인 카트리나」 부분

무슨 말일까? 신이 왜 화를 내는가? 초자연적인 신에게 무슨 감정이 있더란 말인가? 신화시대 때부터 의인화된 신에게 설사 여러 정념이 있고, 조금이라도 공정함이 있다면 벌을 왜 하필이면 자연에 내릴까? 자연이 뭘 어쨌다고? 뿔따구 난 신이 걷어찬 깡통이 자연인가? 그 깡통에 걷어챈 게 인간일까? 자연이 죄가 없다니, 인간이 생각이 없다니, 자연이나 인간이 뭘 모른다는 말일까? '멋도 모르는 부류'에 인간은 그렇다손 쳐도 자연을 왜 포함시킨단 말인가? 자연과 인간이 어찌 재앙의 책임에서 같은 위치일까? 자연은 망가지지도, 물론 그대로도 아니다. '인간의 자연'이 망가졌는데, 그것은 자연의 탓이 아니잖는가. 걸핏하면 "지구를 살리자"고 하는데, 지구는 망가진 적이 없다. '인간의 지구'가 끔찍해지고 있는 것일 뿐이다. 인간 활동으로 지구에 살고 있던 아무 잘못도 없는 다른 생명체들이 무더기로 절멸되고 있을 뿐이다. 그나저나, 신은 왜 화가 났을까? 그가 화를 낼 줄 안다면 동정심도 있을 텐데, 인간역사는 그런 신이 단 한 번도 존재한 적이 없다는 것을 충분히 체험하지 않았던가.

이승하의 생태의식, 자연재앙에 대한 인식은 '화난 신-죄 없는 자연-생각 없는 인간'의 도식으로 설명된다. 그에게 천둥은 '불호령'이고, '하늘 쪼개는 번개'는 '분노한 자연의 안광'이다. 그는 자연의 (자연스러운) 변화를 선사시대의 공포로 환원시킨다.

그래서 나는 차라리 이승하의 생태의식, 문명의식을 그가 동원한 재해의 언어들에서가 아니라 「나의 똥과 오줌」, 「저녁 식탁에 오른 것들」에서 찾는다.

어머니 뱃속에서 나온 뒤
참 많은 똥과 오줌을 눴네
어린 날의 똥간은 냄새 나는 고약한 곳
아래를 보면 무서운 구렁텅이

그 많은 똥과 오줌이
흙으로 돌아가 거름 되었다면
나 이 세상에 조금은 보시했을 것을
수세식 변기에 앉아 눈 똥일지라도
땅으로 돌아가 땅의 일부가 된다면
마음 좀 놓이겠지만……

—「나의 똥과 오줌」 제 1, 2연

내 똥과 오줌은 어떻게 하여 생겼을까. '나'라는 하릴없는 유기체를 존속시키기 위해 먹고 마신 것들의 소산이 똥오줌이다. 생명이 별 것일까? 일단은 똥오줌 누는 게 가능한 상태가 생명의 존속상태가 아니겠는가. 따라서 똥오줌에 대한 묵상은 곧 생명에 대한 묵상이 아닐 수 없다. 맞는 말이지만 좀 억지스러운가?

지금껏 내 목구멍 타고 들어가 항문으로 나온
소는 돼지는 닭은 오리는
갈치는 꽁치는 멸치는 명태는
머리 수를 알 수 없다
한 목숨 지키려고 씹어 삼킨 그 많은 목숨들에게
덜 미안하려면

—「나의 똥과 오줌」 제 4연

나는 이승하의 이런 마땅하고 건강한 똥오줌의식, 먹었던 생명체들에 대한 인식에서 우정과 믿음을 느낀다. 그것은 아마 똥오줌이나 내가 피할 수 없이 먹고 있는 생명체들에 대해 아무 생각을 않고 사는 이들이 너무 많아서일 것이다. '테레비'를 켜면 곧바로 만난다. 얼마나 많은 이들이 참으로 싸가지 없는 태도로 먹는 것들을 갖고 장난질을 치는지. 종편 출현 이후 여기저기에서 하얀 가운을 입은 전문가들의 건강 안내와 거기 환혹하는 건강병 환자들. 우리 모두가 확실히 각각 한 사람씩의 증상이고 징후이고, 질환이고 상처이긴 하나, 먹을 것들을 대하는 태도를 보노라면, '저이들과 같은 인간이라는 사실에 수치감을' 느낄 천박의 극치를 매일같이 겪게 된다. 그런 의미에서도 이승하의 이런 똥오줌 시는 반갑고 차라리 엄숙하고 거룩하기조차 하다. 내가 눈 똥오줌, 내가 먹은 생명체들울 생각하는 것을 나는 인간이 지녀야 할 최소한의 마음가짐이라고 생각한다. 생태적 감성이 별것일까? 지금은 유행어처럼 되어버린 그 말을 20여 년 전 시민운동할 때에는 사람들이 잘 이해하지 못하는 것 같았다. 지금은 개나 소나 그런 말을 장식처럼 입에 올린다. 그런데 그것, 별것 아니다. 다른 생명에 대해 겸손한 마음을 지니는 것, 그게 생태감성의 핵심이다. 그게 전부다.

「저녁 식탁에 오른 것들」에서도 시인 이승하는 자꾸만 반성하고 미안해하고, "내 일용할 양식이 된 수많은/ 싱싱하게 살아 있던 펄펄 날뛰던 것들"을 생각하며 "사후의 내 몸을 생각해 보"면서 "무엇을 위하여 보시할 수 있을까"를 골똘하게 묻는다. 그는 자주 보시를 생각한다. 물론 시인이 갈망하는 보시는 무연보시無緣報施다. 연고가 없는 이들에게 가닿을 수 있는 보시, 말이다. 최고의 보시를 자주 생각하는 이승하를 '착한 사람'이라고 여기는 것은 그에게 남은 앞날이 아직 많이 남아 있지만, 아주 이른 평가는 아닐 것이다. 착하다는 것은 나약한 상태도 아니며, 다른 할 말이 없어서 마지못해 동원시킨 말이 아니다. 그런데 이승하 같은 시인보다 더 착한 이가 있었다. 그의 장인이었다. 장인은 사냥꾼이었다.

장인은 젊은 시절 한때 사슴 사냥을 하였다
엽총에 맞아 죽어가던 사슴의 눈이 잊히지 않는다고
유언처럼 말하였다. 임종 앞둔 자리에서

곡기를 끊고 물마저 거부하고
대변을 세 번, 소변을 다섯 번 보며
속을 완전히 비운 8일째 새벽
이렇게 말하고 숨을 거두었다

"그때 그 사슴을…… 죽이지 말았어야 했어. 그 눈이…… 나를 왜 죽이느냐고…… 말하는 것 같았어. 죽어가는 사슴의 눈이…… 너무 슬펐지. 그런데 어디서…… 새끼사슴이 나타나서…… 따라오면서 계속 우는 거야."

—「그 사슴의 눈」 부분

아니, 세상에 이런 동화 같은 '마지막 말'이 있다니, 이건 완전히 동화다. 이런 유언을 남긴 사람이 '이곳'에 살았더란 말인가! 사슴의 눈, 어디선가 나타난 새끼사슴, 이렇게 아귀가 딱 맞는 동화가 어디 있을까? 그렇지만, 산 사람을 자꾸만 앞당겨 죽이곤 하는 이승하였기에, 이 시 속의 내용 일부에 대한 사실 확인이 필요했다. 나는 좋은 독자가 아니었다. 이승하에게 문자를 보냈다.

"이보게, 장인어른께서 임종 때 하셨다는 말씀, 그거 사실인가?"

나는 자꾸만 팩트 체크하고 있는 게 좀 창피했다.

"예 사실입니다, 형님!"

전광석화처럼 답이 날아왔다. 그는 확신에 차서 곧바로 답할 수 있는 질문을 마치 기다리고 있었던 사람 같았다.

"알았네!"라는 답을 보냈는지 안 보냈는지는, 문자판을 다시 안 찾아봐서 모른다. 나는 순식간에 얼떨떨해졌고, 조금은 미안해지기도 했다. 나는 오해했던 것이다. 그 시를 접하자 곧바로 나는 미국의 자연주의 작가 알도 레오폴드의 체험을 떠올렸었다. 그가 철부지 시절 총 한 자루 들고 야생의 숲을 헤매다가 늑대 무리를 만났을 때 했던 짓, 그리고 그 폭력에 대해 평생을 참회하는 글이 있었는데, 그것을 떠올렸던 것이다. 레오폴드의 체험은 액면가 그대로 감동에 찬 심정으로 믿으면서 시인의 장인이 임종 때 남기신 말씀은 의심하고 있다니. 이것은 대체 무슨 심사였을까,

> 늑대의 울부짖음을 있는 그대로 이해할 만큼 오래 사는 것은 산밖에 없다.
>
> 그 숨겨진 의미를 이해하지 못하는 이들도 늑대가 있는지 없는지는 쉽게 알아차린다. 느껴지기 때문이다. 늑대가 있는 곳은 다른 곳과는 전혀 다르다. 물론 밤에 늑대의 울부짖음을 듣거나, 낮에 그 지나간 흔적을 발견해서 흥분으로 혹은 두려움으로 가슴이 떨릴 수도 있다. 그러나 직접 듣거나 보지는 못했다 해도 수많은 작은 징후가 있다. 한밤에 말들이 힝힝 울어대고, 돌이 소리내어 굴러다니며, 사슴 떼가 펄쩍펄쩍 뛰어오르며 달아나는가 하면 가문비나무 숲 그늘에 검은 그림자들이 비치기도 한다. 늑대가 있는지 없는지 전혀 느끼지 못하거나, 산이 비밀을 품고 있다는 것을 모르는 사람은 아무 경험 없는 풋내기들뿐이다.
>
> 나는 직접 눈앞에서 늑대가 죽는 것을 본 이후 그런 확신을 갖게 되었다. 그때 우리는 급한 물살이 크게 굽이를 도는 절벽 위 바위에서 점심을 먹고 있었다. 암사슴처럼 보이는 것이 가슴을 적시며 흰 물보라 속에서 강을 건너왔다. 이쪽으로 기어올라와 꼬리를 흔들어 물기를 터는 모습을 보고서야 우리는 착각했음을 깨달았다. 그것은 늑대였다. 대여섯

마리쯤 되는 새끼들도 버드나무 숲에서 튀어나왔다. 모두들 뒤엉켜 즐겁게 뒹굴며 장난을 치고 꼬리를 흔들었다. 바로 발 밑, 한눈에 들어오는 공간에서 늑대 떼가 뛰놀고 있었던 것이다.

이런 좋은 기회를 그냥 지나친다는 것은 당시로서는 상상도 할 수 없는 일이었다. 흥분한 우리는 제대로 조준도 않고 순식간에 총알을 퍼부었다. 가파른 절벽 위에서 정확한 겨냥을 하기는 어려운 일이다. 라이플총에서 마지막 총알이 발사된 후 늙은 늑대가 털썩 쓰러졌다. 새끼 한 마리는 다리를 질질 끌면서 어차피 오르지 못할 비탈길 바위 쪽으로 달아났다.

우리는 늙은 늑대에게 다가가 그 눈에서 푸른 불꽃이 사그라드는 것을 보았다. 나는 그 늑대의 눈 속에 무언가 내가 모르는 새로운 것, 늑대와 저 산만이 알고 있는 것이 있다는 걸 순간 깨달았고, 그 이후 단 한 번도 그걸 잊은 적이 없다. 그때 나는 젊었고 그저 방아쇠를 당기고 싶어 몸이 근질거릴 때였다. 늑대 수가 적어지면 사슴 수가 늘어나고, 늑대가 모두 사라지고 나면 세상은 사냥꾼의 낙원이 될 것이라고 단순하게 생각할 때였다. 그러나 푸른 불꽃이 사라지는 모습을 본 이후, 나는 늑대도 산도 그런 생각에는 동의하지 않는다는 것을 알게 되었다.

—알도 레오폴드, 『모래땅의 사계』, 푸른숲, 1999, 157~158쪽.

인용이 좀 길어졌다. 하지만, 레오폴드가 늑대를 죽일 때 늑대의 눈에서 푸른 불꽃이 사그라드는 것을 보았던 이 장면은 일독할 가치가 확실히 있다. 시인의 장인이 본 사슴의 마지막 눈빛도 레오폴드의 총에 맞아 죽어가던 늑대의 그 눈빛과 다르지 않았을 것이다

'늑대도 산도 그런 생각(늑대를 몰살시키면 인간에게 이익이 된다는 생각)에 동의하지 않는다는 것을 알게 되었다'라는 마지막 구절은 나는 1999년 4월에 만났는데, 이후 레오폴드가 늑대를 죽이고 보게 된 '늑대의 푸른 눈빛'은 우리가 펼쳤던 환경운동(풀꽃상 드리던 풀꽃운동)의 정신적 토대가 되었다. 레오폴드의 늑대 에피소드를 나는 수많은 글에서 의도적으로 참 많이도 인용하고 소개했고, '산이 생각하는 것들'은 '산처럼 생각하기'라는 명제를 앞세운 심층생태학의 창시자 아르네 네스로 이어졌고, 헨리 데이비드 소로우의 실험이나 인디언들이 삶과 자연을 대하는 태도에 대한 공부로 이어졌다. 그때가 4대강 범죄가 시작되기 한참 이전이었으니, 새만금 갯벌 죽이기나 동강댐 소동 같은 것이 일어날 때였다.

이승하는 장인이 남긴 마지막 말에 이어서 인간들 간의 살육에 대한 탄식으로 시를 전개한다. 그러면서 "타인의 목숨을 포획한 이들은 기쁘지 않으리/ 평생 후회하리/ 죽어가면서도/ 임종을 앞두고서도 떠오르는/ 죽어가는 사슴의 그 눈빛"으로 이 시를 마치고 있다. 착하고 순진한 이승하, 타인의 목숨을 포획한 이들이 슬퍼하리라고 생각하다니. 인간의 역사에서, 살육자가 더 큰 힘의 억눌림 없이 자발적 반성이나 참회에 이르는 것을 단 한 번이라도 본 적이 있었던가? 그러나 이승하는 후회할

수 있는 인간의 궁극의 능력을 믿는 것 같다. 그 지점을 희망의 지점이라 해두자(사족이지만, 나는 안 믿는다).

시인의 촉수는 화산폭발에서 인간끼리 벌이는 제노사이드의 역사에서 인간지능 로봇, 살처분, 후쿠시마, '창문 틈새로 들어온 왕파리 한 마리'에 이르기까지 사통팔달로 뻗쳐져 있다. 그것이 만약 촉수라면 당연히 그럴 것이다. 그의 관심사는 생명의 문제, 문명의 특질 전반에 걸쳐져 있다. 그는 끝없이 '이 세상에 낙원은 어디뇨', 하고 찾고, 또 묻는다. 히로시마 · 나가사키 이후 핵의 평화적 이용이라는 허울로 추진된 것이 핵발전소 건설, 그러나 핵과 평화는 양립이 안 되는 궁합이라 끝내는 '스리마일-체르노빌에 이어 후쿠시마'까지 이르고 말았다. 「인간의 마을에 또다시 밤이 온다」는 핵의 두 얼굴에 대한 이야기다. 그런데 이승하는 그 절망적인 탄식에서 또다시, '신이시여', 하면서 절대자를 부른다. 그의 시에는 비판과 탄식은 있지만 그런 재앙의 원인 제공자나 그로 인해 이익을 얻는 세력에 대한 분노는 없다. 그것은 누군가를 미워하지 못하도록 생겨먹은 그의 천성 탓일까! 그는 자주 신을 부르곤 한다. 시인이 호명하는 신이 유대 땅의 부족신인지 약사여래인지 알라인지 나는 모른다. 그런 신들을 나는 알지 못하기에 나는 신을 부르지 않는다. 하지만 신을 호명하는 시인에게 한 독자로서의 질문은 허용될 것이다. 인간이 한 짓을 신이 어떻게 뒤치다꺼리할 수 있겠느냐고? 우리 인간이 저지른 일들로 인하여 우리는 결국은 파멸에 이를 것이다. '그래야 마땅하고, 또한 그리돼도 괜찮다'고 생각하는 이들이 바로 생태주의자들이라고 나는 생각한다. 가장 힘세고 가장 똑똑한 이들(주류들이라고 하자)이 여전히 성장과 개발, 모든 자연의 자원화, '인간들만의 민주주의'를 이야기하고 있는데, 어떻게 지구온난화가 지연되거나 완화될 것인가. 미세먼지를 해결하겠다고 호언하는 정치가들은 사기를 치고 있는 것이다.

아직도 찾고 실천하면 답이 있지만, 절대로 답을 택하지 않을 인간군집의 제어가 안 되는 욕망과 숙명적으로 부국강병이 유일한 목표인 국가 시스템으로 인하여 인간종은 6번째 대멸종 목록의 앞쪽에 고딕으로 등재될 것이다. 생태시는 굳이 정의내릴 필요까지야 없지만, 힘세고 똑똑한 사람들의 어리석음을 비판하고, 모두들 가해자이면서 피해자인 문명의 조건을 혹독하게 성찰하고, 끝내는 '다른 삶, 다른 사회'를 꿈 꿔야 할 것이다. 생태시가 '혁명의 시'가 되어야 하는 이유이기도 하다. 즉, 생태시는 랭보가 그의 「지옥에서 보낸 한 철—착란」에서 "사랑은 재발명되어야 한다. 우리가 익히 알고 있듯이"라고 노래한 것처럼 말한다면, 다시 늘 발명되어야 할 것이다. 파멸은 폼페이화산 폭발과는 다르게 그러나 실은 그만큼이나 극적으로 매일같이 진행 중이다. 우주에서 인간의 지위를 가당찮게 높이 설정한 것이 애당초 잘못이었다.

그럼에도 불구하고, 15년동안 쓴 시들을 묶었다는 이 시집의 도처에서 나는 거듭, '착한 이승하'를 본다. 어린 시절 여동생 사건으로 비롯되었을 것으로 짐작되긴 하지만, 오랜 세월 정신병원, 교도소, 구치소, 요양원 등지를 찾아다니며 그가 할 수 있는 가능한 일을 다하고 있는 이승하. 그는 그 일을 '봉사'라고 하지만, 왠지 갑의 냄새가 나는 '봉사'든, '동참'이나 '연대'든, 그것은 어쨌거나 아무나 흉내 낼 수 없는 실천이다. 두 달도 2년도 아니고 수십 년이면 이것은 장난이 아니다. 실천하는 이 앞에서는 누구나 말을 멈추고 그 실천의 세월 앞에서 겸손해질 수밖에 없다. 그래서 나는 이승하를 시인으로서보다는 '한 인간'으로서 거의 경악하고, 탄복하는 마음이 있다. 이승하가 얼마나 착한 사람인지는 가령, 「지하로 내려가는 다섯 사람」 같은 시에서 확인된다.

암흑의 세계로 내려가는 계단

계단 옆에 설치되어 있는 기계가 고장났다

가파른 삶

지나가던 사람이 그를 업었다

덜렁거리는 두 발

다른 두 행인이 빈 휠체어를 들었다

휠체어에 앉았던 이의 늙은 어머니

네 사람 뒤를 따라가고 있다

햇볕이 지하도 깊숙한 데까지

따라 내려가고 있다

나는 숫자에 약해서 바를 정正자를 그어가면서 이승하 시의 다섯 사람을 헤아렸다. 시 속으로 따라 들어가려는 욕망에서였을 것이다. 다섯 사람이 내려간 지하도 계단이 눈에 선하다. 이승하 시의 특성은 '따뜻함'이다. 사람이 다른 사람에게 할 수 있는 최대한의 일들이 바로 이 정도일 것이다. 그가 인간세의 문제들을 해결해달라고 부르는 신의 전지와 전능이 무어 그리 특별할까? 다섯 사람을 "지하도 깊숙이 따라가는" 햇볕 같은 존재가 신이 아닐까? 실제 햇볕은 지하도 깊숙이 못 따라간다. 그러나 시는, 시인의 마음은 때로 '신의 마음'을 드러낼 수 있을 것이다. 이 세상 한쪽 구석에서 아주 잠시라도.

나무 앞에서의 기도

1판1쇄 2018년 6월 25일
1판2쇄 2019년 4월 26일

지은이_ 이승하
펴낸이_ 윤승천
펴낸곳_ (주)케이엠

등록번호_ 제25100-2013-000013호
주소_ 서울특별시 은평구 가좌로 10길 26
전화_ 02-305-6077(대표)
팩스_ 0505)115-6077 / 02)305-1436

값 9,000원
ISBN 978-89-9675-277-6 03810